Rosel Termolen

Mit dem Kochlöffel durch das Jahr

Brauchtumsrezepte aus allen deutschen Landschaften im Jahreslauf

Für meine Tochter Gabi,
die mich mit sachkundigen Ratschlägen unterstützte,
für Christina, Edith, Sven und Peter,
die mich zu dem Buch inspirierten,
für Uli, der sich liebevoll um die „Auszier“ kümmerte
und für alle, die gleich mir Freude am Kochen haben.

Pattloch Verlag 1988

Umschlaggestaltung: Peter Engel, München
Layout: Cornelia Blöthner, Aschaffenburg
Illustrationen: Robert Erker, Augsburg
Farbtafeln: Fotostudio Teubner, Füssen
Satz und Repro: Ziegler & Schmalz, Augsburg
Herstellung: Appl, Wemding
ISBN 3-629-00516-0

Alles hat seine Zeit

Viele junge Freunde haben, zu Gast geladen und jahreszeitliche Spezialitäten genießend, immer wieder die Frage gestellt: „Warum gibt es dieses oder jenes gerade jetzt, gerade zu diesem Fest? Man könnte es doch zubereiten, wann immer man will. Konserven, Tiefkühlkost, jahreszeitlich unabhängige Importe bescheren uns Spargel und Erdbeeren zu Weihnachten, Wildbret im Früling, und Mastgänse zu Ostern ..."

Man konnte alle Spezialitäten servieren, wann immer man will, gewiß. Aber nicht allein der oft doch recht dürftige Geschmack der unter Folie gezogenen oder von weit her transportierten Früchte und Gemüse sollte uns davon abhalten, alles sozusagen saisonübergreifend genießen zu wollen.

Kam man über die Hintergründe der traditionsgebundenen, jahreszeitlich recht unterschiedlichen Gerichte ins Gespräch, so war Großmutters küchenbezogenem Ratschlag — der einer viel komplexeren Lebensweisheit entpricht — eigentlich immer Zustimmung sicher: „Alles hat seine Zeit". Nicht zuletzt mit dem Argument, Delikatessen, die man das ganze Jahr über genießen könne, verlören ihren Reiz. Die ersten Erdbeeren, die ersten Kirschen, der erste Zwetschgendatschi, Kirchweihbraten und Weihnachtsplätzchen: schmeckten sie uns wirklich nicht so gut, wenn man sich an ihnen allzu oft delektierte?

Traditionen, auch Küchengewohnheiten, haben in der Regel uralte und vielfältige Wurzeln. Zum einen sind sie mit den religiösen Festen verbunden, den Merksteinen im Jahreslauf, bedeutender aber sind die Gegebenheiten der Landschaften und der Erntezeiten. Hopfenssprossensalat, um ein gängiges Beispiel zu nennen, wird gewiß nur dort serviert, wo Hopfen angebaut wird, frische Trauben würzen die Speisen nur dort, wo Rebstöcke gedeihen. Meeresfrüchte wie Krabben, Muscheln, Knurrhahn oder Scholle, hatten — zu Zeiten, da man noch keine raschen Tiefkühltransporte kannte — ihre natürliche Verbreitung nur in Küstennähe, während in den Getreideanbaugebieten Niederbayerns oder Schwabens die Mehltruhe Mittelpunkt der Alltagsküche war.

Auch aus alten Opferbräuchen und Totenritualen wachsen den Küchentraditionen wichtige Einflüsse zu, vor allem das Gebildbrot hat hier seine Wurzel, das Herz etwa, das man symbolhaft in Lebkuchenform verschenkt, der Sonnenkranz, hinter dem sich uralter Fruchtbarkeitszauber verbirgt, der Seelenzopf, der das Haar und damit den ganzen Menschen versinnbildlicht und den Toten dargebracht wird. Oft sind die Gebildbrote aber auch Anspielungen auf die Fruchtbarkeit, die auf den Empfänger übertragen werden soll, wie die aus Zucker geformten Brauthähne, die ofengebackenen

Bockshoden oder Euter, die man Hochzeitsleuten servierte und die nicht minder eindeutig sind, wie Prilleken und Stuten, Eierweckerl oder Salzstangerl.

Natürlich war es nicht nur heimische Ernte, die man in seiner Küche verarbeitete, war es auch nicht nur der landschaftsgebundene Brauch, der den Speiseplan diktierte. Kreuzfahrer beispielsweise brachten schon zu Beginn unseres Jahrtausends exotische Sämereien mit nach Hause

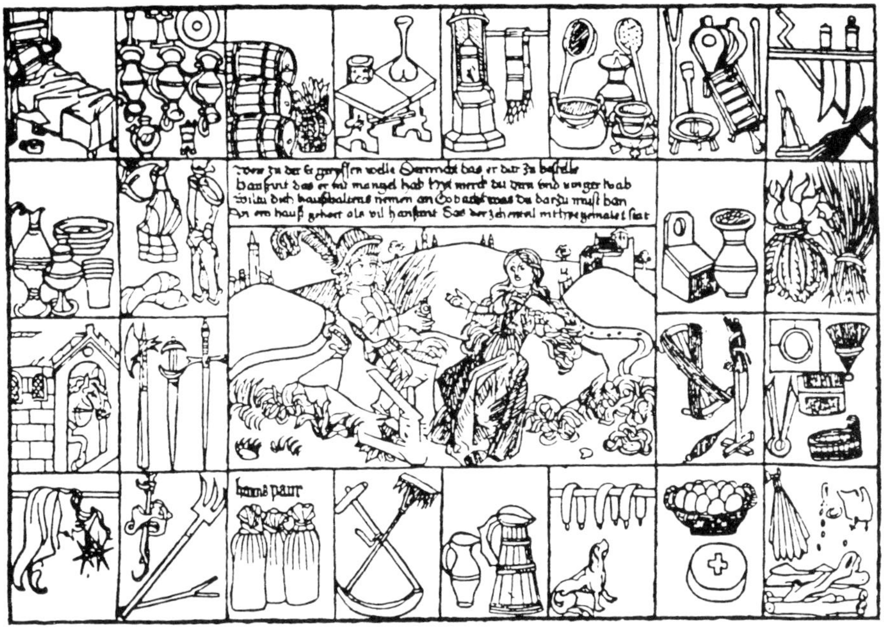

und in den Klostergärten gediehen sie unter der erfahrenen Hand des Bruder Gärtners oft überraschend gut. Auch die Entdecker ferner Länder bereicherten mit Tomaten und Kartoffeln, Mais, Schokolade und Zuckerrohr unsere Küchengewohnheiten, brachten unbekannte Gewürze, die bald zum begehrten Handelsgut der reichen Patrizier, der „Pfeffersäcke", wurden. Und schließlich brachten auch Pilger, die zu Fuß nach Jerusalem, nach Rom oder Santiago gewandert waren, Rezepte mit nach Hause, die nachzukochen bald so allgemein üblich wurde, daß man ihren Ursprung vergaß.

„Gut essen und trinken hält Leib und Seele zusammen" — viele ganz alltägliche Sprüche erinnern noch heute daran, daß zu Zeiten harter Bauernarbeit, kalter Winternächte und mühsam weiter Wege dem guten Essen weit mehr Bedeutung zukam als heutzutage, da die meisten von uns sich um des Kalorienzählens wegen manchen Gaumengenuß versagen (müssen). Dem „Salz in der Suppe", der „Made im Speck", dem „Gelben vom Ei" und

dem „Schmalz auf dem Butterbrot des Prälaten“ zollen wir in durchaus küchenfremden Zusammenhängen noch immer unseren Rede-Zoll, unzählige Kinderreime und -lieder preisen Zucker und Mandelkern, Küchle und Weck, Butter und Speck. Hänsel und Gretel werden vom Lebkuchenhaus angelockt, Aschenputtel muß Linsen verlesen, Scheherezade schwärmt vom Marzipan und wer möchte nicht einmal zu Gast im Schlaraffenland sein?

Unsere hochtechnisierte, oft so menschenfeindliche Zeit macht für viele die Erinnerungen an die Vergangenheit wertvoll. Wir denken darüber nach, warum etwa — trotz aller Strapazen, trotz härtestem körperlichem Einsatz, Angst vor Mißernte und Viehseuche, trotz mangelnden Komforts und mangelnder Zerstreuung — das Bauernjahr unserer Vorfahren als harmonisch und sinnerfüllt galt, warum mancher Brauch sich durch Jahrhunderte nahezu unverfälscht erhalten konnte. machen, deutlicher jedenfalls, als es die Reden mancher „Sinn-Sucher“ vermögen. Nicht umsonst nehmen, gerade bei jungen Menschen, überkommene Traditionen wieder einen vielbeachteten Platz im Alltag ein. Das Brauchtum im Kirchenjahr, die Volksmedizin unserer Urgroßmutter, alte Rezepte in der Vollwertküche wiederentdeckt, das sind nur ein paar Stichworte dazu. Da mag es sich wohl auch lohnen, zu ergründen, warum man am Gründonnerstag eine Suppe aus neunerlei Kräutern serviert, warum der Stollen nur zu Weihnachten gebacken wird und akurat in dieser Form, wie die Martinsgans in die Pfanne kam und was die Schmalznudeln mit dem Fasching zu tun haben.

Mit dem Kochlöffel in der Hand durch das Jahr zu spazieren und über das Herkommen traditioneller Gerichte nachzudenken, ehe man sie nachkocht, das kann nicht nur Spaß machen, sondern auch ein bißchen Aufschluß geben über

Alten Bräuchen, alten Traditionen nachzuspüren, das bringt uns gewiß nicht in die heile Welt von vorgestern zurück, aber es kann doch ein paar unserer Lebenswurzeln sichtbar eine sinnerfüllte Einbindung des Menschen in den Jahreslauf, in die Natur und in das Brauchtum — und uns so zu fast vergessenen Wertvorstellungen führen.

Ein neues Jahr, ein neuer Anfang.
Was freilich für den Kalender gilt, scheint einem Menschen, der sein Dasein an alten Traditionen mißt, eher zweitrangig. Hat doch das Kirchenjahr schon vier Wochen zuvor begonnen mit dem adventlichen Warten auf die Ankunft des Gottessohnes — und das Bauernjahr wiederum nimmt seinen Anfang erst, wenn die Tage wieder länger werden, wenn der Boden, endlich vom Frost befreit, für eine neue Ernte vorbereitet werden kann.
Neujahr, eine rein kalendarische Zäsur also, und doch zollen wir dem Datum unseren tiefverwurzelten Respekt, rüsten uns mit guten Vorsätzen und greifen tief in die Trickkiste alten Aberglaubens in der Hoffnung, uns ein Quentchen Glück zu sichern.
Körnerreiche Speisen sollen Erntesegen garantieren, wir schenken Hufeisen und Glücksschweinchen ohne daran zu denken, daß beides an die dem Göttervater Wotan geheiligten Tiere erinnert, wir wollen uns durch die Karpfenschuppe in Portemonaie eine stets wohlgefüllte Börse sichern.
Mit nächtlichem Feuerwerk und Böllerknall haben wir alle bösen Geister vertrieben, auf daß Platz werde für die lebensspendende Kraft der Sonne, der wir wiederum mit kugeligen Krapfen und breit ausgezogenen Küchle unsere Reverenz erweisen. Möge uns beides gelingen — die Krapfen und das neue Jahr, jedes neue Jahr, das uns hier auf Erden geschenkt wird.

Januar

Karpfen auf polnische Art

Schuppen garantieren ein volles Portemonaie

Wir wünschen dem Herrn einen goldenen Tisch
darauf vier Kannen Wein
und gebratenen Fisch…

„Ich wünsche Euch ein gutes Neues Jahr
und wenn ihr mir nichts gebt,
dann pack ich euch am Haar“,
notierte schon Johann von Goethe unter den von ihm gesammelten volkstümlichen Texten.

So wechselhaft – zwischen der weihnachtlichen Wintersonnwende und dem Dreikönigstag, der heute noch „Großneujahr“ heißt – in früheren Jahrhunderten der Termin auch sein möchte, zu dem offiziell ein neues Jahr in den Kalender geschrieben wurde, so gewiß war und ist, daß Freunde und Familienmitglieder einander Glück wünschten für die bevorstehenden Monate. Sicher war aber auch, daß sich gabenheischende, vermummte Gestalten einfanden, die mit Versen, wie dem obigen, die Freigebigkeit der solchermaßen Geehrten herausforderten, wobei die Fülle der Wünsche für das Wohlergehen durchaus von der Fülle der Gaben abhängig gemacht wurden, die der Hausherr oder die Bäuerin spendierten.

Waren die Gaben, die man erbat und erhielt, ein durchaus realer Beitrag zur sozialen Absicherung der Notleidenden – häufig vermummte man sich ja, um die Schande der Armut zu verbergen –, so waren Wünsche und Geschenke durchaus symbolischer Natur und erinnerten, wie die zum Jahreswechsel befragten Orakel, an heidnische Überlieferungen.

Das glückbringende Hufeisen etwa, das in der Form des gebackenen Hörnchens in unseren Alltag eingegangen ist, konnte Wotans Pferd auf dem Ritt durch die stürmische Winternacht verloren haben, das Glücksschwein erinnert an den wilden Eber, der den germanischen Göttern heilig war, der vierblättrige Klee ist segenspendend, weil er jedes Heil vervierfacht. Und auch an

der Fischschuppe, die man ins Portemonnaie legt, damit das ganze Jahr über das Geld nicht ausgehe, führt weit zurück in die Mythologie der Menschheit:
Der Fisch war ein urtümliches Nahrungsmittel, ein Symbol der Fruchtbarkeit und, wie die frühchristliche Symbolik so eindringlich beweist, Sinnbild des Lebens überhaupt. So wünschte man denn nicht nur fürs neue Jahr einen Fisch auf den Tisch, schenkte den Gabenheischern Gebäck in Form eines Fisches, sondern servierte ihn auch nur allzugern als festliches Mittagessen. Karpfen, ob seines edlen Geschmacks schon in der Antike geschätzt und von den Römern der Venus geweiht, ist und bleibt dabei ein Favorit der feinen Küche. Blau gesotten, paniert und gebacken ziert er den Tisch und reizt selbst den Appetit der von „geistreicher“ Silvesterfeier strapazierten Gäste.
Besonderer Beliebtheit erfreut sich vor allem „Karpfen polnisch“, wobei in diesem Rezept schon wieder der Hinweis enthalten ist, daß einst vor allem Schlesien die Märkte des „Reiches“ mit hervorragenden Zuchtkarpfen versorgte. Und das Rezept dazu dürfte nicht nur über die schlesischen, die böhmischen Köchinnen verbreitet worden sein, sondern nicht minder durch die jüdischen Mitbürger. In Polen nämlich nennt sich diese Zubereitungsart, die vor allem durch den Geschmack der Soße bestimmt wird, „Karpfen auf jüdisch“.
Bestimmend ist dabei, neben der Wahl der feingewürzten Lebkuchen, daß beim Schlachten des Karpfens dessen Blut zur Weiterverwendung aufgefangen wird — und sagt man seinem vertrauten Fischhändler rechtzeitig Bescheid, wird er einem diesen Gefallen wohl auch gerne tun. Zu Hause sollte das Karpfenblut dann umgehend mit ein wenig Essig versehen und kräftig mit dem Schneebesen durchgeschlagen werden.

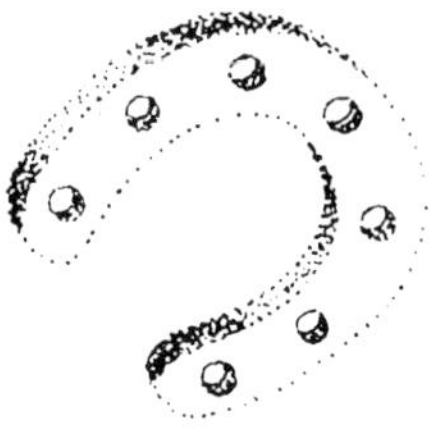

„Mir wünsch' ma a glickseligs neis Jahr,
und 's Christkindl im krausn Haar.“

Zutaten:

- 1 Karpfen von ca. $1\frac{1}{2}$ Kilo,
- Essig,
- 6 Perlzwiebeln oder Schalotten,
- Essig,
- Salz,
- Pfeffer,
- Pfefferkörner,
- 1 Lorbeerblatt,
- Zitronensaft,
- 1 kleines Stück Zitronenschale,
- 1 kleiner Teelöffel Zucker,
- 30 g Butter,
- $\frac{1}{2}$ Liter dunkles Bier,
- 75 g nicht zu süße Lebkuchenbrösel

Zubereitung:

Der ausgenommene und gründlich gereinigte Karpfen wird in handbreite Stücke zerteilt.
Die Zwiebel mit den Gewürzen und der Butter in Bier und der gleichen Menge Wasser 20 Minuten durchkochen, abseien, das Karpfenblut mit dem Schneebesen einrühren. Die Soße mit den Lebkuchenbröseln binden, wieder zum Kochen bringen und darin die Karpfenstücke etwa 30 Minuten sanft garen. Mancherorts werden dieser Soße wie beim Rheinischen Sauerbraten Rosinen zugesetzt, das aber gehört nicht zum Originalrezept und bleibt Geschmackssache.

Wiener Mohnstrudel

Fleißaufgabe für Hexen und Dämonen

*Januar, je kälter und heller,
Scheune und Faß umso völler.*

*Fehlen dem Januar Schnee und Frost,
gibt der März gar wenig Trost.*

*Jenner bin ich genannt
Trincken und essen ist mir bekannt:
In disem monat ist nit gut
Von dem Menschen lassen das plut*

Der Mohn gilt überall dort, wo er unter wärmender Sonne gedeiht, als Symbol reichen Erntesegens, denn Tausende der winzigen Körnchen fallen schließlich aus einer einzigen Fruchtkapsel. Und reicher Erntesegen bedeutet — Sinnbilder dieser Art entstammen ja immer der bäuerlichen Lebensform — einen gefüllten Geldbeutel. Vor allem aber wehrt der Mohn Angriffe der Hexen und Dämonen ab, sie müssen nämlich jedes Körnchen zählen und haben dann keine Zeit mehr für boshafte Attacken.
Einst der Demeter heilig, weil er ihren Schmerz über den Raub der Tochter linderte, wurde der Mohn später zum beliebten, aber nicht ungefährlichen Schlafmittel und zum Narkotikum, liefert er doch im unreifen Zustand die Suchtgifte Opium und Morphium.
Auch wenn heutzutage dem Anbau mancher Mohnsorten, der Rauschgiftwelle wegen sinnvollerweise, stark zurückgedrängt wurde, bleibt er doch — vom Orient über die Donaumonarchie in der ost- und süddeutschen Küche heimisch geworden — ein beliebtes Brotgewürz und eine hochgeschätzte Grundlage köstlicher Süßspeisen, der fränkischen Mohnklößchen etwa, der den Schlesiern zur Weihnachts- und Silvesterfeier unentbehrlichen Mohnkließla des Mohnstrudels, den man gerne am Neujahrstag serviert.
Das Mohngebäck kann man als gefüllte Hörnchen, als Striezel oder als Strudel servieren, wichtig ist schließlich die Fülle, weniger das „Drumherum“.

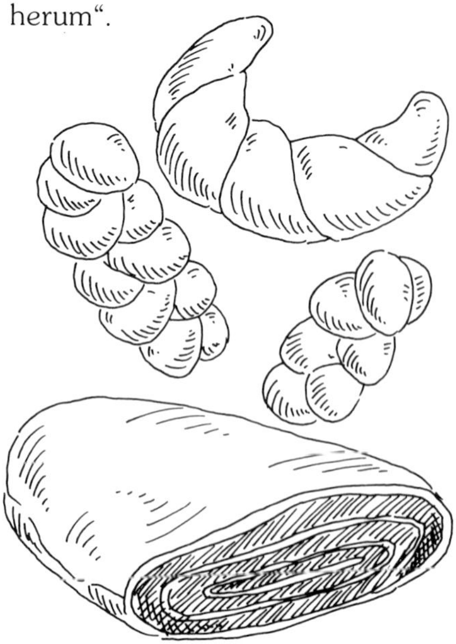

Zum Neuen Jahr

Wie heimlicher Weise
Ein Engelein leise
Mit rosigen Füßen
die Erde betritt.
So nahte der Morgen.
Jauchzt ihm, ihr Frommen,
Ein heilig Willkommen,
Herz, jauchze du mit!

In ihm sei's begonne,
Der Monde und Sonnen
An blauen Gezelten
Des Himmels bewegt.
Du Vater, du rate!
Lenke du und wende!
Herr, dir in die Hände
Sei Anfang und Ende,
Sei alles gelegt!

Eduard Mörike

„Viel Glück ins Haus
und 's Unglück
oben 'naus!"

Zutaten zum Teig:

250 g Mehl,
1 Backpulver,
je 1 Prise Salz,
Zimt und Ingwer,
120 g Butter,
60 g Zucker,
1 Ei,
abgeriebene Schale einer viertel Zitrone

Zutaten zur Füllung:

250 g feingemahlener Mohn,
40 g Zucker,
2 Eßlöffel Honig,
40 g Zwiebackbrösel,
40 g Rosinen,
kleiner Teelöffel Zimt,
1 EL Rum,
$\frac{1}{4}$ l Milch

Zubereitung:
Aus den Zutaten wird, notfalls unter Zugabe von etwas kalter Milch, ein mittelfester Teig geknetet, der zugedeckt eine gute halbe Stunde ruhen muß.
Währenddessen werden alle Zutaten zur Fülle gemischt und auf kleiner Flamme vorsichtig heiß gerührt. Nach dem Auskühlen wird die Fülle notfalls entweder mit Bröseln steifer oder mit Milch saftiger gerührt.
Der Teig wird auf bemehltem Brett dünn ausgerollt und in zwei etwa 50 mal 40 cm große Rechtecke geteilt. Etwa dreifingerbreit und fingerdick wird die Mohnfülle in der Mitte beider Teigflecke aufgetragen. Jeweils eine Teigseite wird darübergeklappt, am Rand festgedrückt und mit verschlagenem Ei bestrichen, dann die andere Seite locker darübergelegt. Strudel auf ein kaltes, ungefettetes Backblech legen, ganz mit gewässertem Ei bestreichen und mit gehobelten Mandeln bestreuen. Bei Mittelhitze wird der Strudel etwa 45 Minuten hell gebacken und vor dem Servieren mit Puderzucker überstäubt.

Königskuchen

„Sie essen und trinken, aber zahlen nicht gern"

„Kaspar, Melcher, Balthasar, behütet uns auch dieses Jahr vor Feuer- und vor Wassersg'fahr!"

Wie's Wetter sich bei Dreikönig (6.) hält, so ist das nächste Jahr bestellt.

Der Dreikönigstag, an dem sich heute die wenigsten gerade noch zum Kirchgang aufraffen, war einst — vor allem für die Kinder — einer der wichtigsten Feste der weihnachtlichen Zeit, wenn nicht des ganzen Jahres. Bekamen sie doch ihre ohnehin bescheidenen Geschenke nicht vom Christkind, sondern von den Heiligen Drei Königen, die ja bekanntlich es auch waren, die zu Bethlehem die Heilige Familie bescherten. Mit Gold, Weihrauch und Myrrhen.

Vor allem der Weihrauch spielte denn auch im Brauchtum des Dreikönigstages eine wichtige Rolle: mit einigen Körnern des in der Kirche gesegneten Weihrauchs trug man den Segen durch Haus und Hof, wobei wohl jeder Hausvater, jede Bäuerin ein eigenes Dankgebet ausstieß, wenn beim Umzug durch das Anwesen die zum „Räuchern" notwendige Glutpfanne keinen Schaden angerichtet hatte. Der Weihrauch sollte — und hier überschneiden sich wie wohl bei fast allen Bräuchen — christliches und heidnisches Gedankengut — die Unglücksdämonen vertreiben und den Segen über das Haus herabrufen.

Wenn mit geweihter Kreide über die Türstöcke und zwischen die jeweiligen Jahreszahlen die drei Buchstaben „C+M+B" geschrieben wurden, so ist die Interpretation, es handle sich um die Initialen der Heiligen Drei Könige, vordergründig. Denn die eigentliche Formel sollte eine Segensbitte sein: „Christus mansionem bendicat" — Christus segne dies Haus.

C + M + B

Den Segen einer neuen, einer heilbringenden Zeit haben akkurat zum 6. Januar übrigens schon die alten Pharaonen erfleht, denn an diesem Tag — für sie dem Tag der winterlichen Sonnenwende — begingen die Ägypter das Geburtsfest des Äon, der vergöttlichten Zeit. Und die drei Weisen aus dem Morgenland, die Heiligen Drei Könige, verkünden ja auch im christlichen Brauchtum eine neue Zeit, die Ära, in der die Menschheit sich der Heilslehre öffnen, das Knie vor dem Nazarener beugen soll. Daß die wüstenwandernden, einem unbekannten Stern folgenden Ahnherrn aller Pilger zu namensgebenden Patronen der Herbergswirte wurde — „Zur Krone", „Zum Stern", „Zum Mohren" —, ist eine ferne Erinnerung daran, zum anderen aber liegt in dem Brauch, an diesem Tag durch das Mandel- oder Bohnenorakel in der eigenen Familie einen „König" zu bestimmen, ein ähnlicher Gedanke. Wie orgiastisch diese Sitte ausufern konnte, beweisen nicht zuletzt die zahlreichen Genrebilder, die große niederländische Maler wie Jordaens, Teniers oder Steen von Bohnenfesten und Bohnenkönigen der Nachwelt schenkten.

Die heiligen drei König sind wohlgesinnt,
sie suchen die Mutter und das Kind.
Der Joseph fromm sitzt auch dabei,
der Ochs' und Esel liegen auf der Streu.

Wir bringen Myrrhen, wir bringen Gold,
dem Weihrauch sind die Damen hold.
Und haben wir Wein von gutem Gewächs,
so trinken wir drei so gut als ihrer sechs.

Da wir nun hier schöne Herrn und Frauen,
aber keine Ochsen und Esel schaun,
so sind wir nicht am rechten Ort
und ziehn unseres Weges weiter fort.

J.W. Goethe

Die Tage werden länger:
Weihnacht um an Muggenschritt,
Neujahr um an Hahnentritt,
Dreikönig um an Hirschensprung,
Lichtmeß um a ganze Stund'.

Ist der Jänner hell und weiß,
kommt der Frühling ohne Eis,
wird der Sommer sicher heiß.

In vielen Familien wird dieser Brauch noch heute liebevoll gepflegt: im Frühstücksgebäck, im süßen Nachtisch, im Nachmittags-Kuchen wird eine Bohne, oft auch eine ganze Mandel versteckt und wer diese dann in seinem Bissen findet, bekommt unter viel Jubel eine goldene Papierkrone aufgesetzt, darf den weiteren Tagesablauf bestimmen und sich eine Bohnen- oder Mandelkönigin wählen. Was im Zeichen der fortschreitenden Gleichberechtigung natürlich auch umgekehrt geschehen kann.

Sinnvollerweise wählt man als „Hülle" für die Orakelfrucht natürlich den gleichermaßen traditionell mit dem Dreikönigsfest verbundenen „Königskuchen", dem man nach Möglichkeit zum Servieren ebenfalls ein goldenes Krönchen aufsetzen sollte.

Altüberliefert wie der Brauch könnte auch das Rezept für diesen Königskuchen sein, denn zwischen der Anleitung, die Anna Huber, „seit vielen Jahren Pfarrhofs-Köchin", in ihrem 1870 erschienenen Regensburger Kochbuch gab und den in heutiger Zeit Aufgeschriebenen ist wenig grundsätzlicher Unterschied. Angesichts der vielen Eier und des reichlichen Alkohols, den diese Anna Huber verwendet, kann man auf Backpulver durchaus verzichten. Dem „Mandelkönig" zu Ehren sollte man aber vielleicht noch ein wenig geriebene Mandeln zum Teig geben.

Bleib uns gnädig zugewandt

Der du die Zeit in Händen hast,
Herr, nimm auch unserer Jahre Last
und wandle sie in Segen!
Nun von dir selbst in Jesus Christ
die Mitte fest gewiesen ist,
führ uns dem Ziel entgegen!

Da alles, was der Mensch beginnt,
vor seinen Augen noch zerrinnt,
sie du selbst der Vollender!
Die Jahre, die du uns geschenkt,
wenn deine Güte uns nicht lenkt,
veralten wie Gewänder.

Zutaten:

420 g Butter,
420 g Zucker,
420 g Mehl,
12 Eier,
1 Glas Arrak,
Rosinen (125 g),
Zitronat (ca. 100 g),
Pomeranzenschale (Limonen- oder Zitronenschale),
(Die in Klammern gesetzten Zutaten entsprechen einer handschriftlichen Ergänzung aus Großmutters Zeit.)

Zubereitung:

Butter mit Zucker sehr gut schaumig rühren, nach und nach die ganzen Eier zugeben, dann den Arrak und die Gewürze, zuletzt, löffelweise, das Mehl und natürlich die ganze, ungeschälte Mandel in gut gebutterter Gugelhupfform 60 bis 70 Minuten bei milder Hitze backen.

Nach den Magen- und Geldbeutelstrapazen der Feiertagsküche zwischen Weihnachten, Neujahr und Dreikönig könnte und sollte man vielleicht einmal ein paar sparsamere Tage einlegen. Auch Schmalhans kann ein guter Küchenmeister sein, wofür die bayerische Historie ein durchaus schmackhaftes Beispiel liefert.
Anno 1777 übersiedelte Kurfürst Karl Theodor aus seiner Mannheimer Residenz in die kurfürstliche Haupt- und Residenzstadt München, wo er bis 1799 als der wohl ungeliebteste aller Wittelsbacher das Bayernland regieren sollte. So sinnvoll und segenspendend viele seiner Erlasse auch gewesen sein mochten, das Herz seines Volkes konnte Karl Theodor niemals gewinnen.

Daß — was in Pest- und Cholera-Zeiten ja nur sinnvoll war — die Toten nicht mehr innerhalb der eng gewordenen Stadtmauern beigesetzt werden sollten, nahm man ihm beispielsweise ebenso übel wie sein scheinbar hartes Vorgehen gegen das Bettlerunwesen, das in jenen Jahren nicht nur zu einer wahren Landplage geworden war, sondern sogar dazu führte, daß Kinder gewaltsam geblendet und verstümmelt wurden, um nur ja das Mitleid der Geber zu wecken.
Ein Großteil der Reformen Karl Theodors ging auf die Anregung des Amerikaners Benjamin Thompson zurück, den der Kurfürst 1784 zu seinem Generaladjudanten und 1798 zum Polizeiminister bestellte.
Thompson, oder wie er sich nach seiner Adelserhebung nennen durfte, Reichsgraf von Rumford, reformierte nicht nur das bayerische Militärwesen und gab wesentliche Anstöße zu einer der größten innerstädtischen Grünanlagen, des Engli-

Es geht eine alte Hexe
in Regen und in Schnee.
Was sollen wir ihr zu essen geben?
Zucker und Kaffee.
Zipfel, Zapfel, Butterkrapfel,
alte Hexe, häng dich an
an den schönen Florian!

Wirft der Maulwurf im Januar,
dauert der Winter bis Mai sogar.

Tanzen im Januar die Mucken,
muß der Bauer nach dem Futter gucken.

Wegen oam Erdäpfl
setzt man koan Häfen
ans Feuer.

Je frostiger der Januar, je freudiger das ganze Jahr.

schen Gartens, er sorgte auch dafür, daß die Bettler in Armenhäusern wieder an ein geregeltes Leben gewöhnt wurden, „resozialisiert" würde man heute sagen. Rumford erfand auch eine preisgünstige Art der „Armenspeise", und in etwas verfeinerter Form ist die Rumford-Suppe, der „Rumfutsch", in unsere Kochbücher eingegangen.

Zutaten:

- 1–1½ l Fleischbrühe,
- 200 g Perlgraupen,
- 100 g Erbsen (tiefgekühlt oder aus der Dose),
- 1 kleine Stange Lauch,
- 1 Stückchen Sellerie,
- 1 Mohrrübe,
- 200 g Kartoffeln,
- 100 g Räucherspeck oder rohe Schinkenreste,
- Salz,
- Essig nach Geschmack

Zubereitung:
Die Perlgraupen zusammen mit dem kleingeschnittenen Suppengemüse und dem Räucherspeck in der Brühe weich kochen, 15 Minuten vor Ende der Garzeit die kleingewürfelten Kartoffeln und noch später die Erbsen zugeben.
Vor dem Auftragen nach Geschmack mit Essig würzen, den Räucherspeck kleingeschnitten oder in Scheibchen auf die Teller verteilen. Dazu kann in Fett gebackenes Brot gereicht werden.

Der Winter ist ein rechter Mann,
Kernfest und auf die Dauer;
Sein Fleisch fühlt sich wie Eisen an,
Er scheut nicht süß noch sauer.

Wenn Stein und Bein vor Frost zerbricht
Und Teich' und Seen krachen;
Das klingt ihm gut, das haßt er nicht.
Dann will er sich tot lachen.

Da ist er denn bald dort, bald hier.
Gut Regiment zu führen,
Und wenn er durchzieht, stehen wir
Und sehn ihn an und frieren.

Himmel und Erde

Eine ganz und gar alltägliche Delikatesse

So viel Tropfen im Januar, soviel Schnee im Mai

Himmel und Erde – schon der Name garantiert, daß manchem, der die Köstlichkeiten der deftigen Küche zu schätzen weiß, das Wasser im Munde zusammenläuft.
Die zarten, weißen Wolken am Himmel, so sagte man, hätten dem Gericht den Namen gegeben, gemeinsam mit der dunklen, braunen Erde, die nicht nur körperhaft dazu kontrastiert.
Was einst ein sommerliches Essen der schwer arbeitenden Erntearbeiter war, die ja den dunklen Boden und den hellen Himmel den ganzen Tag vor Augen hatten und den Namen des Gerichts erfunden haben könnten, ist heutzutage zu einem nahrhaften Gericht für kalte Wintertage geworden.

Zubereitung:
Kartoffeln schälen, in dicke Scheiben schneiden, im Salzwasser weich kochen und zerdrücken. Äpfel ebenfalls schälen, vom Kerngehäuse befreien und geviertelt mit dem Zucker und der Zitronenschale mit ganz wenig Wasser musig verkochen. Zitronenschale herausnehmen und beide Massen mit dem Schneebesen sahnig ineinanderschlagen. Die ausgelassenen Speckwürfel und die gebräunten Zwiebelringe daruntergeben. Nach Wunsch und Geschmack mit der gebratenen, in Scheiben geschnittenen Blutwurst, den Frikadellen oder mit gebackener Leber servieren.

Zutaten:

1 Kilo rohe Kartoffeln,
1 Teelöffel Salz,
1 Kilo Äpfel,
2 Eßlöffel Zucker,
Schale einer ungespritzten Zitrone,
125 g Räucherspeck,
2 große Zwiebeln,
Pfeffer,
500 g Blutwurst oder Leber oder 4 Bouletten = Frikadellen bzw. Fleischküchle oder Fleischpflanzerl

Hühnersuppe nach Großmutters Art

Ein wissenschaftlich anerkanntes Hausmittel

Erkältungskrankheiten, vom leichten Schnupfen bis zur schweren Bronchitis, sind im Januar fast an der Tagesordnung. Mit Hausrezepten mußte man sie einstens bekämpfen, ehe die moderne Medizin schier zahllose Mittel erfand, dagegen anzugehen. Bis hin zu einer der vielen Penicillin-Arten, die wir erst seit der Mitte des 20. Jahrhunderts kennen- und schätzengelernt haben. Wenn ein uraltes Hausmittelchen den Ehrennamen „jüdisches Penicillin“ trägt, dann muß es damit schon eine besondere Bewandtnis haben.

Die Rede ist von einer Hühnersuppe und nichts anderem. Schon im 12. Jahrhundert hat nämlich der jüdische Arzt Moses Maimonides seinen erkälteten Patienten Hühnerbrühe nicht nur als Stärkung, sondern als Heilmittel empfohlen. Und danach haben Generationen von Kranken erfahren, daß bei Erkältungen ein paar Tage Bettruhe fällig waren, daß die besorgten Großmütter mit einem Topf voller dampfender Hühnersuppe anrückten, weil sie den Patienten zumindest rasch wieder zu Kräften bringen sollte.

Über jede Behauptung über die Heilwirkung des Süppchens hätte man vermutlich lediglich geschmunzelt. Und jetzt? Jetzt haben ausgerechnet die Forscher der weltberühmten Mayo-Klinik in Minnesota/USA entdeckt, daß es bei Husten und Schnupfen kein besseres Heilmittel gibt, als eine kräftige Tasse heißer Hühnersuppe. Den Dampf sollte man langsam einatmen, ehe man den Löffel eintaucht, denn vermutlich bringen die Dämpfe durch

Januar warm, daß Gott erbarm

bisher noch nicht genau identifizierte Wirkstoffe die Schleimhäute zum Abschwellen und damit die Folgeerscheinungen der Erkältung zum Abklingen. Wenn es laut Mayo-Klinik schon keine bessere Medizin gibt, so

sollten Sie dafür sorgen, daß es auch kein besseres Süppchen gibt. Ein solches Rezept, „Eine kräftige Hühner-Suppe“, findet sich, wortwörtlich abgeschrieben, in der um 1730 erschienenen Rezeptsammlung „Die wohlunterrichtete Nürnberger Köchin“, das 1834, „ganz umgearbeitet“ durch die „rühmlichst bekannte Jungfer“ M. J. Rosenfeldin bei Bauer und Raspe in Nürnberg herausgegeben.

Ös habts uns oft a Suppn gebn,
Dö wo uns gar net gfreut,
Und enka ewigs Sauerkraut
Hat diam de Bäuerin greut.

Gehts weiter, Knecht, gehts weiter,
Sunst bleim ma no beinand,
Zwölf Gulden kriagt a jeda Loh,
A Pfoad und a a Gwand.

Und hab i mir net mehr vodeant,
Dös Geld nimm i net o,
Dös is mir fei scho vui zu weng,
Weil i dafür nix kafa ko.

Zubereitung:
Man nimmt ein rein und schön zusammengerichtetes Huhn (eine alte Henne ist noch besser) und läßt es im Wasser so lange sieden, daß man es gut tranchieren kann. Dann wird das Brustfleisch abgeschnitten und zurückgelegt. Der übrige Teil des Huhns, der Magen, ein Kalbsherz und Bries werden in Stücke geschnitten, in einen Topf getan, der eine reichliche Maß Wasser faßt; auch läßt man eine Blume Muskatblüte mitkochen und salzt es ein wenig. Der Deckel des Topfes muß gut darüber passen, und wird noch überdies mit Papier verklebt. Nachdem das Huhn mehr oder weniger alt ist, muß alles 2—3 Stunden auf Kohlen kochen. Dann läßt man es stehen, bis die Brühe hell abgegossen werden kann. Vom Brustfleisch kann man einige Stücke ganz lassen, das übrige wird gehackt, mit Eiern geriebenem Brot und etwas Butter vermengt, kleine Klöße davon formiert, und diese in anderer Fleischbrühe gesotten, damit die Hühnerbrühe nicht trübe wird. Letztere wird über gebähtes Brot, über die Klöße und das Brustfleisch angerichtet
Wahrlich ein Krankensüppchen, das — wie man in Bayern sagen würde — Tote aufweckt.

Die Erde muß ihr Betttuch haben,
soll sie der Winterschlummer laben.

Die hoaß' Suppen, die
ma net essen muaß,
soll ma aa net blasn.

Zutaten:

1 Suppenhuhn,
1 Kalbsherz,
1 Kalbsbries,
Fleischbrühe,
2—3 Eier,
geriebenes Weißbrot
Muskatblüte,
Salz,
Butter,
getoastete Weißbrotscheiben

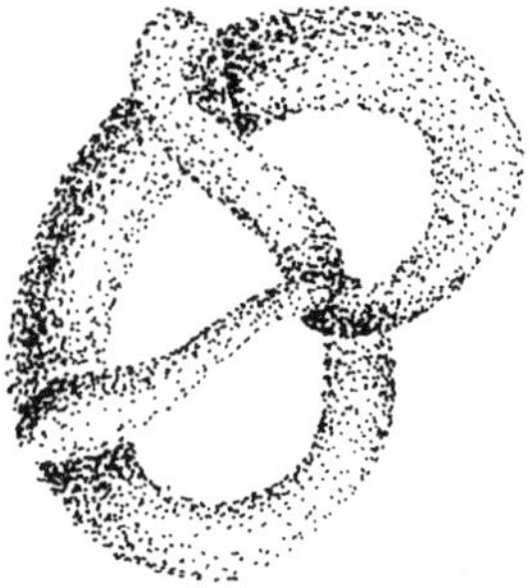

An Fabian und Sebastian (20.) fängt der rechte Winter an.

Sankt Sebastian, der frühchristliche Martyrer, Patron der Pestkranken, der Schützen und der Soldaten, dessen Hirnschale im oberbayerischen Städtchen Ebersberg bei München als kostbarste Reliquie der Pfarrkirche verehrt wird, gilt als „Brezenheiliger". Die Gründe dafür mag man in den verschränkten „Ärmchen" der Brezen suchen, die als gekreuzte Pfeile gedeutet werden konnten. Mit Pfeilen wurde Sebastian, der in Rom Anführer der Prätorianergarde gewesen sein soll, um seines Glaubens willen getötet.

Als Sebastian noch ein weit verbreiteter Bubenname war und diese, wie die Schützenbruderschaften, ihren Patronatstag festlich begingen, gab es — im Chiemgau und im Salzachgau vor allem — allüberall große Sebastianimärkte, auf denen nicht nur die „welschen Limonihändler" ihre Südfrüchte anbieten durften, sondern auch die Bäcker die ersten Heller- oder Pfennigbrezen, deren Verkauf auf die Frist vom Sebastianitag

bis zum Palmsonntag beschränkt war. Zum Ende des Marktes wurden die Bäckerlehrlinge oft in den jeweiligen Ortsbrunnen geworfen und „getauft", wie es sich die Metzgergesellen in München im Fasching gefallen lassen mußten. Die Brezen waren nicht nur ein begehrtes Mitbringsel für Familienmitglieder, die nicht zum Markt mitgekommen waren, sondern auch ein Orakelgebäck für die Liebenden. Wer nämlich beim Auseinanderreißen der Brezen das größere Stück in Händen hielt, würde in der Ehe die Oberhand bekommen – aber meist auch „das Kreuz".

Im fränkischen Raum sind statt der Brezeln Sebastianiringe bekannt, die aus festem Hefeteig hergestellt, mit reichlich Kardamom gewürzt, in heißem Butterschmalz gebacken und, wie der Savarin, mit gesüßtem, verdünnten Rum heiß übergossen werden.

Zubereitung:
Die Zutaten (ohne den Hagelzucker oder die grob gehackten Mandeln) mit kalten Händen rasch zu einem mürben Teig verarbeiten, der nach kurzem Ruhen – möglichst im Kühlschrank – zu dünnen Rollen geformt wird. Daraus werden, am besten gleich auf dem Blech, nicht zu kleine Brezeln geformt. Man bestreicht sie mit Eiweiß, bestreut sie mit Hagelzucker oder gehackten, geschälten Mandeln und bäckt sie bei etwa 180 Grad in zehn Minuten hellgelb.

Braut der Januar Nebel gar,
wird das Frühjahr naß fürwahr.

Zutaten für Mürbe Sebastianibrezen:

- 100 g Mehl,
- 50 g Mondamin,
- 100 g Butter,
- 65 g Zucker,
- 65 g feingeriebene Mandeln,
- 1 Prise Salz,
- Mandelaroma,
- Hagelzucker oder grobgehackte Mandeln

Februar

Der Lichtmeßtag, der 2. Februar, war einst in vielen bäuerlichen Gegenden der Termin, zu dem man Dienstboten, mit denen man nicht zufrieden war, aufkündigte, war auch der Termin, an dem diejenigen, die mit ihrem Arbeitsplatz nicht zufrieden waren, das Bündel schnürten.

Dieses Datum war sicherlich nicht so zufällig gewählt, wie es heutzutage manchem erscheinen mag. Lichtmeß nämlich, der Tag, an dem einem alten Bauernspruch zufolge der Tag schon um eine ganze Stunde länger hell war als zur Weihnachtlichen Wintersonnenwende, brachte ein allererstes Frühlingsahnen und damit auch schon die ersten Vorbereitungen auf die Erntearbeit.

Das laute Faschingstreiben, das diesem Monat sein Gepränge gibt, Perchtenumzüge und Schellenrühren, Winteraustreiben und Dämonenverbrennen: all das zeugt vom ewigen Kampf zwischen Licht und Finsternis, Hoffen und Angst, zwischen lebensspendender Wärme und todesstarrer Kälte.

Bräuche, Gedanken, Wetterregeln: alles ist in diesem kürzesten Monat des Jahres nur von einem bestimmt: von der Hoffnung auf das baldige Erscheinen des Frühlings, denn man weiß: „Sankt Blasius stößt dem Winter die Hörner ab“. Nichts und niemanden ist man bereit, mehr zu glauben, als Emanuel Geibel, wenn er uns verspricht: „Und dräut der Winter noch so sehr mit trotzigen Gebärden, Und streut er Eis und Schnee umher, es muß doch Frühling werden.“

Dampfnudl ham ma gestern
g'habt,
Dampfnudl ham ma heit
Dampfnudl ham ma alle Tag
weil uns des g'freit.

Dieses, auch ohne Übersetzung aus dem Originalton Süd wohl verständliche Scherzlied aus dem bayerischen Oberland klingt auf den ersten Blick natürlich wie eine Liebeserklärung an ein alpenländisches-böhmisches Schmankerl, das im Norden der Bundesrepublik nur eine begrenzte Anzahl von Kennern und Liebhabern aufweisen dürfte.
Genaugenommen dürfte sich freilich hinter dem Text eher eine Aufforderung an die Bäuerin verbergen, den Küchenzettel mit etwas mehr Abwechslung zu gestalten.
Die Speisekarte des kleinen Mannes, auch die des Bauern, war durch Jahrhunderte von größter Einfachheit geprägt. Schmalhans war Küchenmeister, und Fleisch konnte man nur zu den allerhöchsten Festtagen auf den Tisch bringen, wenn überhaupt. Im übrigen bestimmte die eigene Ernte, was gegessen werden konnte. Daß, wer sparen mußte, auch noch eher an den Dienstboten sparte, als am eigenen Leib, ist so verwunderlich auch wieder nicht. Und so bestimmten die einstigen mündlich geschlossenen Arbeitsverträge des Gesindes, was dem Oberknecht und der Stalldirn, dem Kuchlmensch — der Köchin also — und dem Roßknecht an feiertäglicher Kost zustand. Wurde das nicht exakt eingehalten, so nahmen die Dienstboten an Lichtmeß, dem traditionellen Tag, an dem man den Arbeitsplatz wechselte, ihr Bündel. Nicht ohne der Bäuerin recht deutlich zu sagen, daß es nicht der schlechte Lohn oder die Launen des Bauern waren, die sie vom Hof vertrieben, sondern die gar zu eintönige Küche der Bäuerin.
Dampfnudeln in der bäuerlichen Küche, Rohrnudeln, Kartoffelnudeln und Semmelknödel waren eine ebenso nahrhafte wie billige Kost.

Lichtmeß (2.) im
Schnee,
Palmsonntag im Klee.

Sonnt sich der Dachs in
der Lichtmeßwoch,
eilt auf 4 Wochen er
wieder in's Loch.

Enker Kraut und enkere Ruam,
die ham uns vertrieben,
War's a wengerl besser gwen,
na war'n ma wieder blieb'n.

oder

S'Jahr ist aus
und unsa ganzer Trost:
mir kriagn a neie Bäuerin
und a andere Kost.

*Hätte der Februar
Januars Gewalt,
ließ er verfrieren
Jung und Alt.*

Und als Beikost hatte man die Wahl zwischen Sauerkraut, das ebenfalls oft genug selbst eingesäuert worden war, und „Kletzentauch", einem kaum gesüßten Kompott aus getrockneten Birnen, den „Kletzn".
Obligatorisch waren in katholischen Landen, wo an den kirchlichen Fasttagen kein Fleisch gegessen werden durfte, die Dampfnudeln in jedem Fall am Aschermittwoch.
Heutzutage sind die Dampfnudeln — sie sollen übrigens das Leibgericht der Hexen gewesen sein, und ihnen mußte man alle Nudeln servieren, die „sitzengeblieben" waren — aus dem häuslichen Küchenzettel weitgehend verschwunden.
Sogenannte Dampfnudel-Bäckereien nehmen in Großstädten den Hausfrauen zwar die Arbeit ab. Zu welchem Preis aber: deren flaumig aufgegangenen, ansonsten jedoch völlig reizlosen Produkte können sich kaum mit den Selbstgemachten messen, die eine dicke, fetttriefende Kruste haben mußten, das „Rammerl".
Freilich, man muß es zugeben: Nicht bloß die Bequemlichkeit der Hausfrauen oder die knappe Zeit der berufstätigen Mütter haben dieser Köstlichkeit den Garaus gemacht, sondern mehr noch die modernen Herde, die niemals eine so sanfte Hitze abgeben wie die alten Kohlenöfen, die für einen Topf voller Dampfnudeln nur noch mit einem verglimmenden Buchenscheitl beheizt wurden.

Zutaten zum Hefeteig:

- 500 g Mehl,
- 20 bis 30 g frische Hefe (oder ein Päckchen Trockenhefe),
- ¼ l lauwarme Milch,
- 40 g Butter,
- 40 g Zucker,
- 50 g Zucker,
- 1 Ei,
- Salz

Zutaten zum Ausbacken:

- 70 g Butter oder Butterschmalz,
- ⅛ l Milch oder Wasser

Zubereitung:

Vom gut aufgegangenen Hefeteig werden mit dem Eßlöffel Nudeln abgestochen, schön rund gedreht und auf einem bemehlten Brett, zugedeckt, nochmals gehen lassen. In einem flachen, gut verschließbaren Topf (am besten aus Eisen) werden Butter oder Schmalz erhitzt, die Nudeln darin umgedreht und nebeneinander gesetzt. Dann ungefähr ein achtel Liter gesüßter, warmer Milch dazugegossen. Ohne daß der Topf geöffnet werden darf, müssen die Nudeln bei mäßiger Hitze in knapp 30 Minuten garen. Fertig sind sie, wenn das Knistern des Fetts verrät, daß alle Flüssigkeit aufgesogen ist. Serviert werden die Dampfnudeln meist mit Vanillesoße oder Kompott; wählt man Sauerkraut als Beilage, wird beim Backen statt der süßen Milch leicht gesalzenes Wasser verwendet und der Hefeteig nicht gezuckert.

Schmalzgebäck

„Wer an Fasnacht nicht ißt und trinkt, bis ihm der kleine Finger steht, der wird das ganze Jahr über nicht satt." So einfach umschreibt ein altes Sprichwort die Soziologie des Bauernstandes. Und deswegen türmte eine Bäuerin, die es sich nur halbwegs leisten konnte, am „schmalzigen Samstag" oder am „schmutzigen Donnerstag" ganze Berge von Schmalzgebäck auf. Für die Alemannen zwischen Schwaben und der Schweiz ist „Fasnet" ein wahrhaft magisches Wort, sind doch die Bräuche noch eigenständig und voller Magie aus der Zeit der Dämonen- und Hexenfurcht, wie auch in den Alpenregionen, wo sich noch Winteraustreiben und Frühlingshoffen hineinmischen.

Schmalzgebäck, preiswert aus den Vorräten der eigenen Landwirtschaft herzustellen und ebenso nahrhaft wie köstlich, gehörte zwar das ganze Jahr über zur bäuerlichen Kost, zu den Feiertagen kam ihm besondere Bedeutung zu, vor allem aber zur Fasnacht. Zum einen, weil viele der traditionellen Gebäckformen dem Fruchtbarkeitszauber dienten, zum anderen, weil das kalorienreiche Gebäck den Narren in der kalten Jahreszeit die nötigen Reserven für das Treiben auf den Straßen lieferte. Letztlich aber vor allem, weil in jenen Tagen, da noch eine strenge Obrigkeit mit Gendarmenpatrouillen das Fastenhalten kontrollierte, in den Kammern und Küchen kein Ei, kein Bröselchen tierischen Fetts vorhanden sein durfte. Und wie hätte man die Vorräte besser aufbrauchen können, als mit Krapfen und Küchle, Mäusle und Ringle, Auszog'nen und Fensterküchle, Strauben, Hasenöhrle, Ochsengurgeln, Schneebällen, Storchennestern, Wickelkindern...

Die Vielzahl der Namen weist nicht nur auf die Phantasie der Köchinnen, die Vielzahl der Rezepte und die Beliebtheit der Gebäcke hin, sondern schon wieder auf den Symbolgehalt der Gebildbrote. Schnekken, Spiralen und Doppelspiralen, nicht zuletzt der wohlgerundete Krapfen, waren beispielsweise Bilder der Sonne und Opfer an sie, deren Kommen man gerade zur späten Winterszeit so sehr ersehnte. Wobei der Krapfen, der seinen Namen dem niederdeutschen „Kroppel" verdankt (was eigentlich

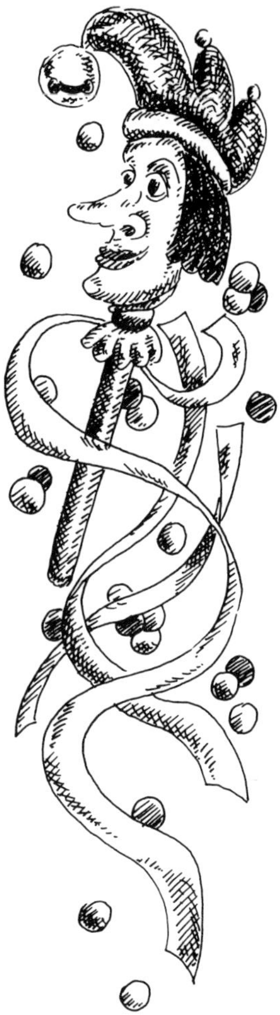

Jetzt ist die lustige Fastnachtszeit, wo's Bratwürste regnet und Küchele schneit.

Februar Schnee und Regen deuten an den Gottessegen.

Wenn's im Februar regnerisch ist, hilft's so viel wie guter Mist.

krumm bedeutet), zunächst zum magisch gleichermaßen bedeutsamen Hufeisen in Beziehung stand und eine lediglich mit dem Löffel abgestochene Nudel war. So backen die schlesischen und ostpreußischen Hausfrauen noch heute eine Spezialität, die mit Rosinen versetzt und voller knuspriger Teigspitzen, von den Kindern meist liebevoll Mäuschen genannt wird.
Ob auch die „Ausgezogenen“ das Sonnenrad symbolisieren oder eine fränkische Hochzeitshaube nachbilden, darüber streiten die Volkskundler noch. Die Mannsbilder sollen zu einer Zeit, da noch züchtig lange Röcke das weibliche Knie dauerhaft verdeckten, diese Nudelform besonders geliebt haben, weil die Bäuerinnen im Zuge der Arbeitsvereinfachung die Nudeln, im Schwäbischen ohnehin gleich „Knieküchle“ genannt, gern über dem nackten Knie formten und so manch anzüglichem Blick Gelegenheit zum „Anatomiestudium“ gaben.
Die Fasnetküchle, die Krapfen und die Ausgezogenen mußte die Bäuerin jeweils pünktlich um Mitternacht des Vortages fertig haben. Überzog sie den Termin auch nur um wenige Minuten, so durften die Mägde und Knechte, wohl auch die Nachbarsburschen, hölzerne Heugabeln durchs Küchenfenster halten und darauf warten, daß diese bis zur Zinkenspitze mit Nudeln gespickt wurden.

Ich habe vernommen,
Fastelabend ist kommen.
Ich seh den Schornstein rauchen,
da kommen wir hergelaufen.
Wir sehen auf einem langen Tisch,
daß darauf was Gebackenes ist.
Nichts als Fastnachtskuchen,
drum kommen wir euch besuchen.

Der wesentliche Unterschied zwischen den schwäbischen und den bayerischen Krapfen (die bekanntlich im Norden der Bundesrepublik „Pfannkuchen“ oder „Berliner“ heißen) ist freilich nicht die Frage, ob sie am Donnerstag oder am Samstag vor dem Faschingssonntag serviert werden. Der wesentliche Unterschied besteht in der Teigzubereitung. Hefe hier, Backpulver dort soll den Teig hochgehen lassen. Und nichts lohnt weniger, als über die Vorzüge und Nachteile der Zubereitungsarten zu streiten. Das beste ist: beides neben einander zu servieren. Sollen die Leckermäuler doch selber entscheiden.

Zubereitung:
Zucker und Butter schaumig rühren, nach und nach die Eier und das mit dem Backpulver vermischte Mehl zugeben, notfalls etwas Milch einarbeiten. Den Teig ein Zentimeter dick ausrollen, mit einem Ausstecher oder einem Glas runde Krapfen ausstechen und im heißen Fett von beiden Seiten goldbraun ausbacken, mit Zucker und Zimt bestreut möglichst noch warm servieren.

Zubereitung Berliner Pfannkuchen, bayerische Krapfen:
Den gut gegangenen Hefeteig fingerdick ausrollen, auf einer Hälfte der Platte mit einem Glas oder Ausstecher Krapfen markieren. Den Rand mit Eigelb bestreichen und in die Mitte des Kreises jeweils einen Teelöffel Marmelade geben. Die andere Teighälfte darüberklappen und die Krapfen endgültig ausstechen. Nochmals gut gehen lassen, mit der Oberseite zuerst in das nicht zu heiße Fett geben und zugedeckt auf einer Seite bräunen lassen. Mit dem Schaumlöffel wenden und im offenen Topf fertig backen. Noch heiß mit feinem Zucker bestreuen.
Man kann den Hefeteig auch gut zweifingerdick ausrollen, ausstechen und ohne Füllung backen. Die etwas verflüssigte Marmelade wird dann mittels Backspritze hineingedrückt.

Lustig ist die Fasenacht,
wenn mein Mutter Küchle bacht,
wenn sie aber keine bacht,
pfeif ich auf die Fasenacht.

Zubereitung Ausgezogene, Fensterküchle:
Hefeteig wie zu den Krapfen bereiten und gehen lassen. Portionieren, mit etwas Fett bestrichen, unter einem angewärmten Tuch noch einmal gehen lassen. Dann mit bemehlten Händen so formen, daß außen ein dicker Rand entsteht. Die mittlere Fläche soll durchscheinend dünn sein und sich beim Einlegen ins Fett hochwölben. Man soll darauf achten, daß beim Wenden kein Fett in das „Fensterle“ kommmt, damit dieses hell bleibt.

Zubereitung Ostpreußische Purzel
Vom gut gegangenen Hefeteig werden mit einem nassen Löffel Kugeln abgestochen und im heißen Fett ausgebacken. Noch warm mit dem Puderzucker bestreuen.

Zutaten Schmalzküchle schwäbischer Art:

- 60 g Zucker,
- 125 g Butter,
- 4 Eier,
- 500 g Mehl,
- kalte Milch,
- 1 Päckchen Backpulver

Zutaten Berliner, Pfannkuchen, bayerische Krapfen:

- 500 g Mehl,
- 20 g Hefe,
- 50 g Butter,
- 80 g Zucker,
- 1 Päck. Vanillezucker,
- etwas Zitronenschale,
- 2–3 Eigelb,
- Salz,
- $\frac{1}{8}$ l Milch,
- Aprikosenmarmelade oder Pflaumenmus,
- Backfett

Zutaten Ostpreußische Purzel:

- 500 g Mehl,
- 30 g Hefe,
- 150 g Zucker,
- 2 Eier,
- 1 Prise Salz,
- abgeriebene Schale einer Zitrone,
- $\frac{1}{4}$ l Milch,
- Backfett,
- Puderzucker

Waldorfsalat

Ein Heidelberger grüßt aus den USA

Steubenparade, Jeans, Waldorfsalat – ist das nicht alles typisch amerikanisch? Von wegen! General Friedrich Wilhelm v. Steuben stammte aus Magdeburg, und die bis heute traditionelle Parade wurde

ihm für die Organisation der amerikanischen Truppen im Unabhängigkeitskrieg gewidmet. Die Idee zu den unverwüstlichen, baumwollenen Farmerhosen, den Jeans, wurde von den Gebrüdern Levis aus dem österreichisch-bayerischen Alpenraum mit in ihre neue amerikanische Heimat importiert. Und den Waldorfsalat erfand der 1763 in dem nahe Heidelberg gelegenen Dörfchen Walldorf geborene John Jakob Astor, der als junger Mann in die Neue Welt auswanderte, durch Pelzhandel und Grundstücksspekulationen ein großes Vermögen gewann und schließlich einen „riesigen Palast der Gastlichkeit“ erbaute, das weltberühmte Waldorf-Astoria-Hotel in New York.

Der klassische Waldorfsalat, der in der Küche dieses Hotels erstmals komponiert wurde, und zwar angeblich von Astor persönlich, besteht nur aus feinen Streifen rohen Selleries, Apfelstreifen, gehackten Walnüssen und Majonnaise.
Heute darf der Waldorfsalat als Appetitanreger auf keinem festlichen Buffet fehlen, schon gar nicht bei Faschingsfesten im privaten Kreis und bei Atelierfesten. Angereichert mit ein wenig Hühnerfleisch, serviert mit Toast und Butter, kann er aber durchaus auch als kleine Abendmahlzeit serviert werden.

Zutaten:

300 g Sellerie, roh geraspelt,
300 g mürbe Äpfel in Streifen,
125 g Walnüsse,
6–8 EL Majonaise,
½ Becher Joghurt oder saure Sahne,
Zitronensaft,
Salz

Zubereitung:

Der Sellerie wird geschält und roh in feine Streifchen geschnitten (wer mag, kann ihn auch halbweich kochen), die Äpfel werden ebenfalls geschält, vom Kernhaus befreit und in Streifen geschnitten. Die Nüsse soweit möglich abgezogen, einige zur Dekoration beiseite gelegt, die restlichen grob gehackt. Die Majonnaise wird mit Salz, Zitronensaft und Sauerrahm (oder Joghurt) abgeschmeckt und untergezogen. Mindestens zwei Stunden im Kühlschrank rasten lassen, mit den Walnüssen und einigen Streifen ungeschälter, rotbackigen Äpfel garniert anrichten.

1 Osterkorb, aus Hefeteig gebacken

2 Küchenrezepte auf Wachsmodeln

3 Ein ganz anderes Rezept: für ein glückliches Leben

4 Aus Biskuit-Teig: Osterlamm und Osterhase

Rezept
für
Dampfnudeln
Zutaten:
1. 750 gr. Mehl
2. 40 gr. Presshefe
3. 125 gr. Butter
4. 1 Teelöffel Salz
5. 80 gr. Zucker
6. 2 Eier
7. 6 Deziliter Milch
Rezept
für
Gugelhupf
Zutaten:
1. 500 gr. Mehl
2. 2 Deziliter Milch
3. 125 gr. Butter
4. 2 Eier
5. 100 gr. Zucker
6. 50 gr. Weinbeeren
7. 25 gr. Presshefe
8. 1 Teelöffel Salz

Rezept
für ein
glückliches Leben
Man nimmt 12 Monate, putzt
sie sauber von Bitterkeit,
Geiz, Pedanterie und
zerlegt jeden Monat in 30
oder 31 Teile, so daß der
Vorrat genau für ein Jahr
reicht.
Jeder Tag wird dann
einzeln zubereitet, aus einem
Teil Arbeit und zwei
Teilen Frohsinn und Humor
Man fügt drei gehäufte
Eßlöffel Optimismus hinzu,
einen Teelöffel Toleranz,
ein Körnchen Ironie und
eine Prise Takt. Die ganze
Masse wird sehr reichlich
mit Liebe übergossen.
Das fertige Gericht wird
mit Sträußchen kleiner
Aufmerksamkeiten garniert
und täglich mit Heiterkeit
serviert.

Alte Brötchen

Zu Zeiten, da man mit Lebensmittelresten noch etwas sorgfältiger umging als heutzutage, fielen die vom Vortag übriggebliebene Semmel noch nicht dem Mülltonnen-Ritual unserer Wegwerfgesellschaft zum Opfer. Jede Hausfrau wußte mindestens ein Dutzend Verwendungsmöglichkeiten dafür. Man könnte Knödelbrot daraus schneiden, einen Semmelschmarren bakken, oder einen Scheiterhaufen, einen Kirschenmichl oder eine Semmelschalotte, Weinschnitten oder Eierpolster, Semmelnudeln, Zwetschgenbavesen, gefüllte Semmeln, Karthäuserklöße, Arme Ritter oder Versoffene Jungfern.

Zubereitung:
Von den altbackenen Brötchen wird die Rinde sorgfältig abgerieben, dann werden sie in drei bis vier dicke Scheiben geschnitten. Die Milch wird mit den Eiern verquirlt, mit Zukker, Vanillezucker und der Zitronenschale gewürzt und über die Semmelschnitten gegossen, so daß diese sich leicht ansaugen können, aber nicht zu weich werden. Die Schnitten in Semmelbröseln wenden und in einer mit mindestens fingerhoch mit Backfett gefüllten Pfanne (am besten schwimmend) ausbacken. Mit Zimtzucker bestreut servieren.
Karthäuserklöße werden nach dem gleichen Rezept hergestellt, lediglich werden die Semmeln nicht in Scheiben geschnitten, sondern nur in der Mitte zerteilt.
Versoffene Jungfern sind auch nichts anderes als Arme Ritter, nur werden sie vor dem Auftragen mit heißem Rotwein übergossen, den man mit etwas Zimt und Zucker aromatisiert hat.

Zutaten:
- 2–3 altbackene Brötchen (pro Person),
- 3/8 L Milch,
- 3 Eier,
- 1 Prise Salz,
- 1 Vanillinzucker,
- 50 g Zucker,
- abgeriebene Schale einer Zitrone,
- 200 g Semmelbrösel,
- Backfett,
- Zimtzucker

Aufgeschmälzte Brotsuppe

Eine durchaus bekömmliche Resteverwertung

*Heftige Nordwinde im Februar
vermelden ein gar fruchtbar Jahr.
Wenn der Nordwind aber im Februar nicht will,
dann kommt er sicher im April.*

Zutaten:

1 Liter Fleischsuppe,
250 g trockenes Schwarzbrot,
2 mittelgroße Zwiebel,
20 g Schmalz,
Pfeffer,
Schnittlauch,
1 Eidotter pro Portion

Alte Brötchen weiterzuverwenden mag manchem Mitmenschen unserer übersättigten Industriestaaten schon als Gipfel der Sparsamkeit erscheinen. Wer freilich noch die Notzeiten des Krieges, der Flucht mitgemacht hat, wird sich wohl daran erinnern, mit welcher Dankbarkeit man damals ein Stück trockenen Schwarzbrotes entgegennahm. Auch wenn es schon reichlich altbacken und hart war...

Hartes, altbackenes Brot war und ist in manchem Bergbauernhaushalt noch heute selbstverständliche Kost, aber auch dort, wo noch die alten Steinbacköfen betrieben werden, kommt das Brot nur selten frisch auf den Tisch, zumal ja eigentlich jeder weiß, daß abgelagertes Roggen- oder Mischbrot bekömmlicher ist als ofenwarmes.

Die lohnende, aber mühevolle Arbeit des Brotbackens überlassen wir heute in der Regel dem Bäcker oder gar der Brotfabrik. Die verheißungsvolle Werbung „nach altdeutscher Art im Steinbackofen gebacken" hat ihre Wirkung aber nicht verloren. Manche Familien im Norden der Bundesrepublik läßt sich von süddeutschen Freunden regelmäßig einen duftenden Brotlaib zuschicken. Und zwischen München und Rom gibt es — auf freundschaftlich-privater Basis — einen regulären Kurierdienst, der die deutschen Kurienkardinäle am Vatikan ebenfalls regelmäßig mit herzhaftem Schwarzbrot versorgt.

Altbackenes Brot landet oft genug im Abfall — wer schlechte Zeiten erlebt hat, wird sich dessen wohl noch zu schämen wissen. Zumal es sich vorzüglich weiterverarbeiten läßt, zu Bröseln beispielsweise, mit denen man Soßen bindet oder Bratlinge paniert, zu Schwarzbrotpudding oder Brotsuppe.

Ein feines Süppchen nach gleichem Muster läßt sich übrigens auch aus hartgewordenen Laugenbrezeln herstellen, so delikat, daß es selbst Münchens berühmtester Partyservice bei Gala-Empfängen als typisch süddeutsche Spezialität serviert.

Zubereitung:

Die Zwiebel in feiner Ringe schneiden und in Schmalz hellbraun anrösten. Das Brot in kleine Scheibchen schneiden oder brechen und auf die Teller verteilen. Mit der kochenden Fleischbrühe übergießen, Pfeffer darüber mahlen, mit den Zwiebelringen und dem Schnittlauch bestreuen. In jeden Teller einen rohen Eidotter gleiten lassen. Bei der Brezensuppe entfallen die Zwiebel.

Kartoffelsuppe

Ein eisiger Wintertag läßt den ausgefrorenen Heimkehrer so recht nach einem Teller heißer Suppe begehren. Ein heißes Süppchen aber kann mehr als nur wärmen: es kann beispielsweise auch einen faschingsgeschädigten Magen wieder sanft kurieren. Ein Kartoffelsüppchen allzumal, denn die heilsame Wirkung der Kartoffel ist mittlerweile nicht nur hinlänglich bekannt, sondern auch von den Medizinern akzeptiert, die mehr oder minder freiwillig zugeben mußten, daß die vielgepriesene Chemie in der alten Volksheilkunde einen durchaus ernstzunehmenden Konkurrenten hat.

Ganz abgesehen davon, daß eine herzhafte Kartoffelsuppe nun wirklich nicht nur dem Magen, sondern nicht minder dem Gaumen Vergnügen bereitet. Natürlich wird fast jede Hausfrau dafür ihr ganz persönliches Rezept haben, man sollte nur daran denken, daß man sich mit dem Würzen ein wenig zurückhalten muß, wenn die Kartoffelsuppe als Hausmittel gegen den strapazierten Magen verordnet wird, während sie gerade durch reichlich Gewürze zur Delikatesse werden kann, wenn es um die wärmende Köstlichkeit an sich geht.

Der Varianten sind viele: feindurchpassiert, in winzigen Würfelchen oder gar in kräftigen Scheiben kann man die Kartoffeln servieren, mit Würstchen, Kasseler oder Schinken kann man sie anreichern, mit getrocknetem Majoran, Muskat, frischem Schnittlauch oder Petersilie, mit Zwiebeln oder Sahne verfeinern.

Der Februar muß stürmen und blasen, soll das Vieh im Lenze grasen.

Zubereitung:

Geräucherten Speck in feine Würfel schneiden und goldgelb anrösten. Speckwürfel zur Seite stellen, im Speckfett die feingeschnittene Zwiebel, die geraspelte Mohrrübe, einige Lauchringe und die Kartoffelwürfel glasig andünsten. Mit Wasser aufgießen und ca. 15 Minuten kochen lassen. Kurz vor dem Ende der Kochzeit einen Brühwürfel, den Majoran und die kleingeschnittenen Schinkenreste beigeben. Die braunen Speckwürfel und etwas frischen Pfeffer erst auf dem Teller zugeben.

Hornung in ich erkennst du mich
geest du nacket es gerendet dich.
In disem monat ist gut lassen.
Iß und trink auch zu massen.

Zutaten:

500 g mehlige Kartoffel,
1 Zwiebel,
1 Mohrrübe,
1 kleine Stange Lauch,
100 g geräucherten Speck,
100 g Schinkenreste,
Majoran,
Pfeffer,
1 Brühwürfel

Frühlingseier

Hühner zeigen die Lostage an

Nach Mattheis (24.) geht kein Fuchs mehr übers Eis.

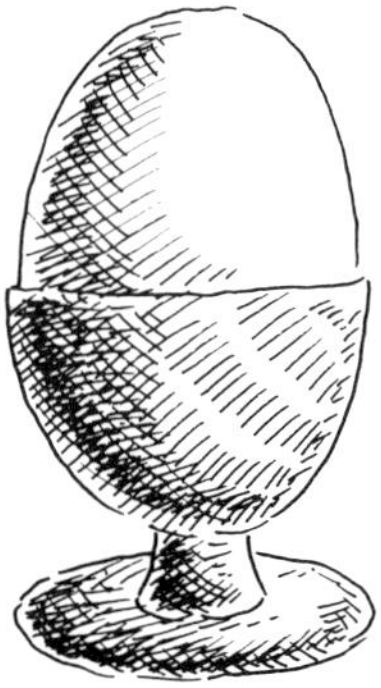

Matheis, der Tag des Apostels Matthias am 24. Februar, ist überall dort, wo man auf den Frühling wartet, um die Felder für die nächste Ernte vorzubereiten, ein wichtiges Datum, ein Lostag, denn
„Mattheis bricht's Eis,
hat er keins, macht er eins."
Zu den ersten Anzeichen, daß die wärmere Jahreszeit naht und auch von den letzten Attacken des Winters nicht mehr allzulange aufgehalten werden kann, gehört das Gakkern der Hühner im Stall, also ihre Botschaft, daß sie wieder begonnen haben, Eier zu legen. Eine frohe Botschaft, denn die eingelagerten Vorräte aus dem vergangenen Herbst sind längst zu Ende. Und nun

*St. Mattheis hab ich lieb,
denn er gibt dem Baum
den Trieb.*

*Habt ihr was, so eßt es,
habt ihr nichts, vergeßt es,
habt ihr noch ein Stücklein Brot,
teilt es gerne mit der Not.
Habt ihr noch ein Bröselein,
streut es hin den Vögelein.
Wenn ihr das von Herzen tut,
seid ihr brav und lieb und gut.*

brauchte man die Frischgelegten dringend für das Faschingsgebäck, aber auch, um endlich wieder ein wenig Abwechslung in den Speiseplan zu bringen, ehe die Fastenzeit neuerliche Einschränkung gebot.
Zu den ersten Gerichten, die man servierte, gehörten die Allgäuer Eier, die harten Eier mit Senfsoße oder Spiegeleier, auch Ochsenaugen genannt. Die „lutherischen Eier“ durften, hatte erst die Fastenzeit begonnen, nur von evangelischen Christen gegessen werden, den katholischen waren während der 40tägigen Ostervorbereitung ja nicht nur Fleisch und Butterschmalz, sondern eben auch die Eier untersagt.

Wenn Matthias kommt herbei (24. Febr.), legt die Gans das erste Ei.

Zutaten Allgäuer Eier:

- 2—3 harte Eier pro Person,
- 3 rohe Eier,
- etwas Milch,
- 20 g Butter,
- Salz,
- Pfeffer,
- Ingwer,
- Essig

Zubereitung:
Die hart gekochten Eier werden in Scheiben geschnitten und in eine Schüssel geschichtet, mit Salz, Pfeffer und Ingwer — am besten frisch gerieben — bestreut.
In einem Topf werden die Butter und die mit Milch verquirlten Eier mit etwas Wasser und Essig zu einer herzhaften Soße aufgekocht und über die harten Eier gegossen. Dazu reicht man Kartoffelbrei, der mit gebräunten Zwiebelringen angereichert wird.

Zubereitung Lutherische Eier oder Friesenfrühstück:
Die in Würfel geschnittene Niere und das Bries mischt man unter die aufgeschlagenen Eier, würzt nach Geschmack und läßt die Masse in einer gebutterten Pfanne stocken. Man serviert auf frisch gebuttertem Schwarzbrot oder getoastetem Weißbrot. Läßt man das Fleisch weg und vermehrt entsprechend die Menge der Krabben, ist das Gericht auch als „Friesenfrühstück“ bekannt.

Zutaten Lutherische Eier oder Friesenfrühstück:

- 1 Kalbsniere, leicht angebraten,
- 1 Kalbsbries,
- 100 g Krabben oder Krebsschwänze,
- 6 Eier,
- Sahne,
- Salz,
- Muskat,
- Butter zum Ausbacken

März

Nein, das gibt es in unseren Breiten wohl nur noch in den allerseltensten Ausnahmefällen, daß der Bauer „im Märzen die Rößlein einspannt"... Heutzutage setzt er „die Felder, die Äcker" mit anderem Gerät instand.
Die Lostage, nach denen man früher die Arbeit eingeteilt wurde — wie „Gregor zeigt dem Bauern an, daß im Feld er sähen kann", oder „An St. Benedikt acht wohl, daß man den Hafer sähen soll" — mögen vergessen sein, den Wetterregeln schenkt man noch immer Aufmerksamkeit. Tut es nicht wohl, daran zu glauben: „Ist's am Josephitage klar, so folgt ein fruchtbar Jahr".
Aber auch ins Familienleben, in den häuslichen Alltag bringen die Märzentage, in die ja meist auch die Fastenzeit fällt, ihre altüberlieferten Traditionen ein. Und die wiederum hatten ihre jahreszeitlichen Zusammenhänge: junges Grün gedieh in den Gärten, die Hühner konnten wieder aus dem Stall gelassen werden und schenkten mit den ersten Eiern eine willkommene Bereicherung des Küchenzettels, die Kühe steigerten ihre Milchleistung, bald sprangen die ersten Lämmer hinter ihren blöckenden Müttern...
In einer Zeit der volltechnisierten Tierhaltung, der fast unbegrenzten Lagerungsmöglichkeiten für empfindliche Lebensmittel, der saisonunabhängigen Importe aus allen Klimazonen fällt es uns schwer, diese Zusammenhänge zu respektieren. Aber haben sie deswegen an Gültigkeit verloren?

Fisch für den Aschermittwochskater

Mit dem letzten Glockenschlag zur Faschingsdienstags-Mitternacht war, ausgenommen in der alemannischen Schweiz, die närrische Zeit vorbei: Mit dem Aschermittwoch hat die Fastenzeit begonnen. Der Aschermittwoch ist für die katholische Bevölkerung noch heute ein strenger Abstinenztag, an dem nur einmalige Sättigung mit absolut fleischloser Kost erlaubt ist. Zudem erinnert bei der Aschermittwochs-Messe, die vor allem in katholischen Künstlerkreisen noch immer und schon wieder starkes Gewicht hat, durch das auf die Stirn gezeichnete Aschekreuz nur allzu deutlich an die Vergänglichkeit alles Irdischen erinnert.

Fisch war und ist an diesem fleischlosen Aschermittwoch ein bevorzugtes Gericht und zudem ein gutes Mittel, um dem Kater den Garaus zu machen, ohne den wohl kaum ein rechter Fasenachtsnarr an diesem Morgen erwacht.

Auf meiner Stirn dies Kreuz
Von Asche grau!
O schnöder Lebensreiz,
Wie bist du schlau
Uns zu betrügen!
Mit Farben hell und bunt,
Mit weiß und rot
Deckst du des Moders Grund;
Dann kömmt der Tod
Und straft dich Lügen.

Aus ist's und gar ist's und schad ist's, daß 's wahr ist.

Läßt der März sich trokken an,
bringt er Brot für jedermann.

Zutaten Braunschweiger Sahneheringe:

- 20 gut gewässerte Filets von Salzheringen oder frische Matjes,
- 1 EL Essig,
- 1 EL Wasser,
- 1 EL Zucker,
- ½ l saure Sahne,
- 1 große Gewürzgurke,
- 2 säuerliche Äpfel,
- 2 Zwiebeln,
- 2 EL Schnittlauch

Zutaten Badisches Heringshäckerle:

4 gut gewässerte Salzheringe (oder Matjesfilets),
125 g gekochter Räucherspeck oder Schinken,
1 Zwiebel,
1 geschälten Apfel,
2 Bund Petersilie,
125 g Senfgurken,
1 Bund Schnittlauch,
1 Bund Dill

Zutaten Büsumer Fischsuppe:

250 g Goldbarschfilet oder Heilbutt,
250 g Heringsrogen,
4 Zwiebeln,
½ Lorbeerblatt,
2 Petersilienwurzeln,
1 TL geriebener Meerrettich,
4 EL saure Sahne,
2 EL Butter,
½ Tasse Gewürzgurken, fein geschnitten,
½ Tasse roher Sellerie in Streifen,
2 EL Dill,
Salz

Selbst dort, wo man am Aschermittwoch den Zeitgenossen weniger religiöse Besinnung und viel mehr politische Agitation anbietet – Bayerns CSU-Chef Franz Josef Strauß hat für sein Aschermittwochs-Treffen längst Konkurrenz bekommen –, wird von den Festzelt-Wirten neben reichlich Bier und jungen Rettichen in der Regel Fisch serviert, gebackenes Filet mit Kartoffelsalat, Rollmops und Bismarckhering oder eingelegter Hering nach Hausfrauen-Art. Im Norden der Bundesrepublik darf's wohl auch ein Fischsüppchen sein, wie man es etwa zu Büsum so köstlich zu bereiten versteht.

Ich bin gehayssen Mertz
Den pflug ich hie auffstertz
In disem monat laß kein plut
Doch ist schwayßbaden fast gut

Zubereitung Braunschweiger Sahneheringe:
Die Filets notfalls von den letzten Gräten befreien. Aus Essig, Wasser und Zucker eine Marinade bereiten, in der die Heringe einige Stunden ziehen. In der Anrichteschüssel, mit der sauren Sahne übergießen, Scheiben der Gewürzgurke, der Äpfel und Zwiebel zugeben und mit Schnittlauch bestreuen. Zu Pellkartoffeln servieren.

Zubereitung Badisches Heringshäckerle:
Gesäuberte, von allen Gräten und Hautresten befreiten Heringe zusammen mit allen anderen Zutaten durch die grobe Scheibe des Fleischwolfs treiben oder fein hacken. Eiskalt zu gebuttertem Graubrot oder zu Toast servieren.

Zubereitung Büsumer Fischsuppe:
Fischfilet und Rogen zusammen mit den Zwiebelscheiben und dem Lorbeerblatt in Salzwasser kochen! Wenn das Fischfleisch gar ist, die Gemüsestreifen, Sahne und Butter zugeben und gar ziehen lassen. Mit dem zerpflückten Dill bestreut servieren, eventuell mit einem Schuß Weißwein verfeinern.

Wiener Fastensuppe

Die Donaumonarchie läßt grüßen

Fisch wurde in vergangener Zeit stets als Kostbarkeit geschätzt, was nicht zuletzt mit seiner begrenzten Haltbarkeit und den langwierigen Transportmethoden zusammenhing. Nur Fischer, die an Flüssen und Seen wohnten, Züchter, die einen eigenen Fischteich besaßen, Gutsherren und Klöster, die ihre Leibeigenen zum Fangen und Abliefern der schwimmenden Köstlichkeiten verdonnern konnten, kamen regelmäßig in diesen Genuß. Ob alle Süßwasserfische, die Waller und Huchen, die einst aus der noch blauen Donau gefangen wurden, „rechtmäßig“ im Topf oder in der Pfanne landeten, ob nicht manches „Petri Heil“ nächtens heimlich geflüstert wurde, mag dahingestellt bleiben. Auf jeden Fall verstanden es auch die Österreicher, die am Donaustrand lebten, Köstlichkeiten aus Fisch zuzubereiten und sie während der Fastenzeit zu servieren.

Donnert's in den März hinein,
wird der Roggen gut gedeihn.

Bisch, bisch, bisch,
morgen essen wir Fisch,
übermorgen Schweinebraten,
woll'n wir dich zu Gaste laden.
Bisch, bisch, bisch,
morgen essen wir Fisch.

Zubereitung:
Fischfleisch kleinwürfelig schneiden, salzen, pfeffern und in der Butter kurz anbraten. Die zerdrückten Eidotter darüber streuen. Den heißen Fischsud über die zerpflückten Semmeln gießen und kurz verkochen lassen. Fischstückchen und Eidotter dazugeben, noch einmal kurz aufkochen. Zum Servieren die Petersilie oder den Schnittlauch überstreuen.

Zutaten:

- 200 g grätenloses Fleisch eines Süßwasserfisches,
- 40 g Butter,
- 3 hartgekochte Eidotter,
- 3 altbackene, abgerindete Semmeln,
- 1 Liter heißer Fischsud (aus den Abfällen gekocht),
- Schnittlauch oder Petersilie,
- Salz,
- Pfeffer

Schlesische Fastenringe

Das schmeckt zum Kaffee und zum Schnaps

Märzen-Ferkel, Märzen-Fohlen,
Alle Bauern haben wollen.

Fasten hin oder her – ganz ohne Lebensfreude und ganz ohne Gäste sollten auch diese vorösterlichen Tage nicht bleiben. Was man den Gästen anbot, mußte vor allem in Böhmen, in Ostpreußen und in Schlesien, wo man die gutnachbarlichen Beziehungen besonders pflegte und wo Gastfreundschaft eine selbstverständliche, mit Herzlichkeit gewährte Pflicht war, sollte zwar fastenmäßig bescheiden, aber dennoch schmackhaft und köstlich sein. Und nicht nur zum geliebten Kaffee munden, sondern auch zum selbstgemachten Hagebuttenwein oder zum Wacholderschnaps, der bekanntlich nicht nur (fast) alle Krankheiten und trüben Gedanken verjagte, sondern auch die Hexen und Dämonen, die mit Stürmen und allerletzten Schneeschauern noch immer versuchten, den Einzug des Frühlings zu verhindern.

Zutaten:

- 500 g Mehl,
- 30 g Hefe,
- 2 TL Zucker,
- $\frac{1}{8}$ l Wasser oder Milch,
- 2–3 Eier,
- 125 g Butter,
- 1 Eigelb,
- Mohn,
- Kümmel,
- Salz

Zubereitung:

Hefeteig gut gehen lassen, 1 cm dick ausrollen, Ringe ausstechen, die einen Außendurchmesser von 6 cm und einen Innendurchmesser von 3 cm haben. Nochmals gehen lassen, in kochendes Salzwasser legen und herausnehmen, wenn sie an die Oberfläche steigen. Auf einem Tuch abtrocknen, dann auf ein gefettetes Backblech legen, mit dem Eigelb bestreichen und nicht zu sparsam mit Mohn und Kümmel bestreut fertig backen.

Wettersegen
Vor Blitz, Hagel und Ungewitter
bewahre uns, o Herr.
Zeig uns deine Barmherzigkeit
und schenk uns dein Heil.
Herr, erhöre mein Gebet.
Und laß mein Rufen zu dir kommen.

Der Herr segne die Felder, Gärten und Weinberge und alle Menschen, die dort arbeiten.
Der Herr lasse das Werk unserer Hände gedeihen und halte allen Schaden fern.
Das gewähre der allmächtige Gott, der Vater und der Sohn und der Heilige Geist. Amen.

Allgäuer Käs-Knöpfle

„Klöße" in der Größe eines Regentropfens

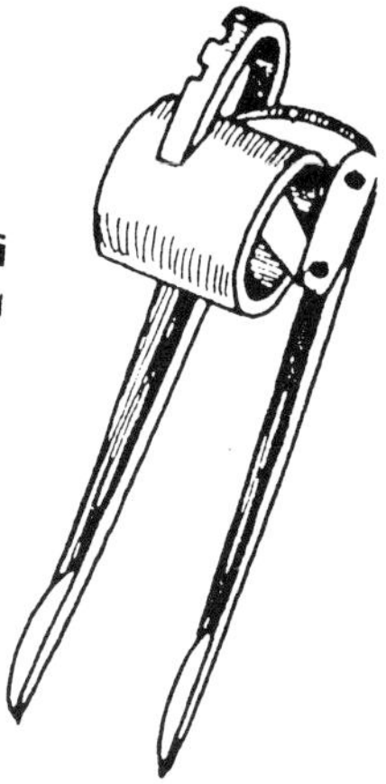

Spätzle und Knöpfle, der Unterschied liegt allein in der Form dieser vielgeliebten Mehlspeise. Schabt man im Schwabenland den etwas weicher gehaltenen Teig mit dem Schaber oder einem langen, scharfen Messer in hauchdünnen Partien vom nassen Brettchen direkt ins Kochwasser, so werden die regentropfenkleinen Knöpfle, die von der Augsburger Gegend an bis ins Allgäu die Spätzle ablösen, durch den Spätzle-Seier getrieben oder mit dem Spätzle-Hobel gepreßt. Wobei letzteres Werkzeug natürlich auch von Fall zu Fall im Schwabenländle verwendet wird, sonst hieße er ja nicht „Spätzle"-Hobel.

Der Knöpfleschwab ist zwischen Baum und Spieß eingeklemmt wie ein Treibkeil, und jetzt kann keiner vor- und rückwärts.

Spätzle wie Knöpfle kann man auf vielerlei Arten zubereiten, mit durchgetriebenem Fischfleisch oder mit Leber vermischen, mit Spinatsaft färben, ja sogar in Milch aufziehen lassen und mit Zimtzucker servieren. Ob man allerdings viele Spätzle-Freunde findet, die diese Varianten goutieren, sei dahingestellt. Kässpätzle, Käsknöpfle dürften sich da schon einer wesentlich größeren Beliebtheit erfreuen.

Auf Märzenregen folgt kein Sommersegen.

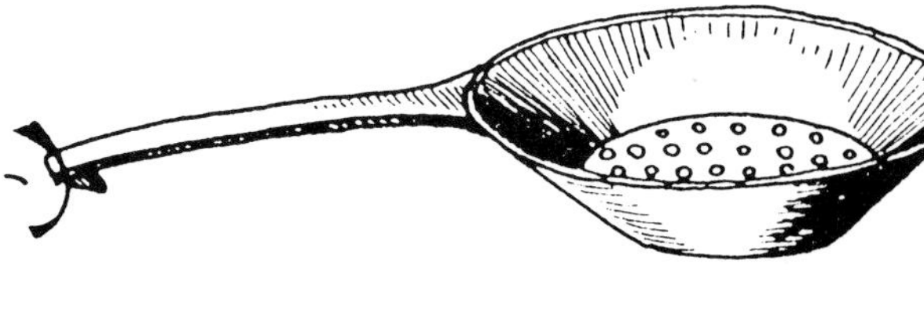

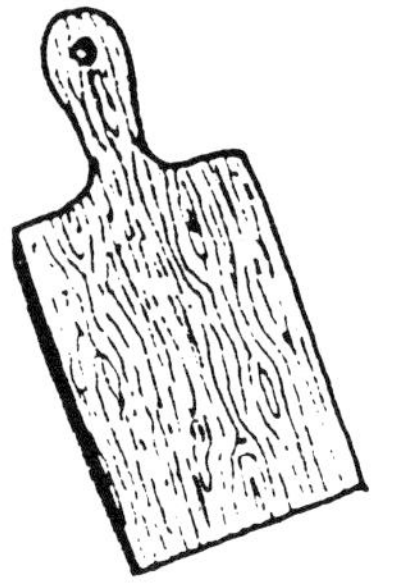

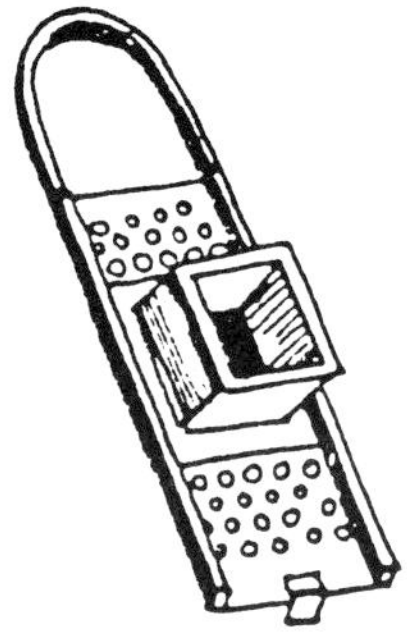

Zubereitung:

Aus dem Mehl und der notwendigen Milchmenge einen sehr zähen Teig anrühren, Salz und Eier dazugeben und weiterschlagen, bis die Masse Blasen wirft. Durch ein grobmaschiges Salatsieb oder einen Spätzleseier den Teig in kleinen Portionen in kochendes Salzwasser pressen. Sie sind gar, wenn sie an die Oberfläche steigen. Mit dem Schaumlöffel herausheben, lagenweise mit dem Käse in eine gut vorgewärmte Schüssel geben. Vor dem Auftragen mit den in der Butter geschmälzten Zwiebelscheiben übergießen. Es empfiehlt sich rasch zu arbeiten und einen sehr weiten Topf zu nehmen, damit die Spätzle gleichmäßig fertig werden, also nicht auskühlen, aber auch der Käse nicht verläuft.

Zutaten:

500 g Mehl,
$\frac{1}{8}$ l Milch,
3–4 Eier,
Salz,
200 g geriebener Käse,
2 große Zwiebel,
100 g Butter

O'bazda nach Weihenstephaner Art

Märzenstaub und Märzenwind, guten Sommers Verbot sind.

Gewitter im Märzen gehn dem Bauern zu Herzen.

Wenn die Münchner von der „fünften Jahreszeit" sprechen, dann ist der März der Josephi-Tag gekommen und die Starkbierquellen sprudeln. Hochprozentiges mitten in der Fastenzeit? Ja, gerade weil Fastenzeit ist, wird es serviert. Es ist nämlich keineswegs nur eine Legende, daß die Mönche im Mittelalter, als sie noch besonders strengen Fastenregeln unterworfen waren und 40 Tage lang „nur einmal am Tag feste Nahrung" ohne Fleisch, ohne Ei, ohne Milch, ohne tierisches Fett zu sich nehmen durften, ihr klostereigenes Bier stärker, damit kalorienreicher, brauten als in der üblichen Jahreszeit und als „flüssiges Brot" zu sich nahmen. Daß die Starkbierzeit auch ohne diese strengen Fastenpflichten im Jahreslauf verhaftet blieb, daß sie bis heute mit allerlei Geselligkeit gewürzt wurde, wen wundert's.

Sitzt ein norddeutscher Mitbürger unter den meist recht fröhlichen Zechern, so darf er bei der Bestellung eines ganz besonderen Schmankerls gleich eine Sprachlektion absolvieren. Vom „O'bazdn" ist die Rede, den man im Unterfränkischen als „G'rupften" bezeichnet, und gerne auch zum Frankenwein serviert. Das „G'rupft" übersetzt man am besten mit „zerpflückt, zerkleinert", das „o'bazn" mit „vermischen, vermengen, zusammenklumpen". Es muß sich also um weiche, sozusagen cremige Zutaten handeln. Erfunden wurde diese schlichte, deftige Köstlichkeit angeblich am Rande des Hopfenanbaugebietes Hallertau, im Kloster Weihenstephan, nahe Freising, wo die Mönche, zeitge-

Noch a Maß, sagt der Wirt — a guats Trank macht fette Säu.

Zu Anfang oder zu End der März seine Gift send't.

mäßer Sitte entsprechend, eine blühende Landwirtschaft betrieben und infolgedessen auch ihren bis heute berühmten Käse selber zubereiteten. Erfunden wurde in Weihenstephan im übrigen nicht nur der O'bazde, sondern auch das Bierbrauen, und zwar um 1040.
Beides, die Braukunst und die Sitte, Käse mit allerhand Zutaten aufzubereiten, machte rasch und landesweit Furore, man denke nur an den „Handkäs mit Musik", den Nürnberger Durcheinander, das „Gwerch".

Gestern abend auf dem Ball
tanzt' der Herr von Zwiebel
mit der Frau von Petersil:
ach, das war nicht übel.

Zutaten:

500 bis 600 g gereifter Camembert,
200 g frische Butter,
$1\frac{1}{2}$ Zwiebel mittlerer Größe,
reichlich Paprika, davon etwa $\frac{1}{5}$ scharf,
1 Messerspitze Pfeffer,
nach Geschmack etwas Kümmel,
1 Schluck Bier

Zubereitung:
Camembert und die nicht zu kalte Butter in einer Schüssel mit der Gabel so lange zerdrücken und vermengen, bis eine glatte, streichfähige Masse entsteht. Die feinstgeschnittene Zwiebel, das Bier und die Gewürze zugeben und nochmals so lange mischen, bis die Masse eine gleichmäßige, zartrosa Farbe angenommen hat. In einer Schüssel oder auf einem Teller hübsch anrichten. Der Kümmel wird (nur beim „O'bazdn", nicht beim „G'rupftn") gesondert gereicht und nur über das bestrichene Brot gestreut.
Der Käse wird auf frisches Holzofen- oder Roggenbrot gestrichen und zwar so dick, wie die Brotscheibe ist. Übrigens: Keine Angst vor dieser Menge — vier, fünf Zecher, die bei frischem Bier oder trockenem Wein zusammensitzen, leeren die Schüssel rasch!

Der April, in den zumeist das Osterdatum fällt, bringt nicht nur aus der beginnenden Fruchtbarkeitsfülle des Jahres, sondern auch aus dem strahlenden Auferstehungs-Halleluja der Kirche bedingt, reiche Gaumenfreuden. Denn „Wo die Seele jubelt, soll der Leib nicht darben".

Mit meist harmlosen Scherzen beginnt der Monat. Der Sitte, seine Mitmenschen in den April zu schikken, werden vielerlei Wurzeln unterlegt: man müsse um des verspotteten Christus willen Spott ertragen, man werde wie der Gemarterte von Pontius zu Pilatus geschickt, Scherz vertreibe Unheil und Unheil drohe, weil Judas an einem 1. April geboren sei...

Boshafter waren die Spöttereien, mit denen der Monat ausklingt, mit der letzten Nacht, der Walpurgisnacht. In diesen Stunden trafen sich die Hexen auf dem Brocken, in diesen Stunden feierten einst die Sachsen heimlich – aus Angst vor der von Karl dem Großen für alle heidnischen Bräuche ausgesprochenen Todesstrafe – im Harz ihr Frühlingsfest. Alle Zaubermächte waren losgebunden und ihnen schob und schiebt man nun alle Streiche in die Schuhe, mit denen man über seine Nachbarn manchmal nur schadenfrohes Gelächter, manchmal aber auch harte Feme brachte. Nicht nur schlampig verwahrtes Gerät durfte versteckt und vertragen werden – wer etwa Unrat vor der Türe oder auf dem Dach fand, wußte, daß die Unzucht in seiner Haushaltung längst Dorfgespräch war.

April

Säen am 1. April verdirbt den Bauern mit Stumpf und Stiel.

Aprill bin ich genandt
Die reben ich beschneyd durch das landt
In disem monat nym dich an
Das du lassest zu der median

Warmer Aprilregen, bringt großen Segen.

Die vergnügliche Sitte, jemanden am 1. April zu foppen, ihn zu einem vergeblichen Gang zu verleiten, hat vielerlei Wurzeln. Von den Kelten ist die Rede, die ihr Frühlingsfest mit allerlei Possen würzten, manche erinnern an den ersten, meist vergeblichen Fischfang, zu dem man vor allem an Frankreichs Küsten am 1. April auszog, um die Makrele ins Netz zu bekommen.

Auch Karl IX. wird zitiert, der das Neujahrsfest vom 1. April auf den 1. Januar verlegte und so manchem Geizhals die Möglichkeit gab, einen, der auf sein Neujahrsgeschenk wartete, vom 1. April auf den 1. Januar zu vertrösten (und umgekehrt).

Und selbst die Leidensgeschichte Jesu muß herhalten, wenn mancherorts gesagt wird, so wie Christus

während seiner Passion verspottet wurde, so sollen auch die Gläubigen den Schmerz des Spotts verspüren. Wie dem auch sei — kaum ein Brauch wird allüberall mit so viel Engagement gepflegt, kaum eine Sendeanstalt, kaum eine Zeitung ist sich zu gut, um ihre Hörer, Leser, Zuschauer in den April zu schicken. Und am schönsten ist es dann natürlich, wenn nicht nur die Leser, sondern hochrenommierte Kollegen und Konkurrenzblätter auf den Spaß hereinfallen...

Natürlich spielt auch manche Hausfrau gerne mit und serviert Scherzgerichte wie die Süße Blutwurst, das falsche Bier (aus hellem Fruchtsaft oder Kaffee mit Sahne- oder Eiweißhäubchen) oder falsche Ochsenaugen. Keine neumodische Sitte, wie man meinen möchte, sondern eine uralte Tradition, in deren Umfeld auch die vielen mittelalterlichen Tafelscherze anzusiedeln sind. Schon in einer Handschrift aus der Mitte des 14. Jahrhunderts, die in München als besondere Kostbarkeit gehütet wird und als ältestes Koch-Dokument aus dem bayerischen Raum gilt, wird ein Scherzgericht geboten, das zu dem ein langes, sorgenfreies Leben verspricht. Die Zutaten dazu waren Stichlingsmagen, Mückenbeine, Finkenzungen, Meisenbeine und Froschkehlen.
Da sind wohl die „falschen Spiegeleier", für die es sogar zweierlei Rezepte gibt, doch wesentlich verlokkender.

Zubereitung:
Der Mandelpudding wird fertig gekocht und auf vier Teller etwas ungleichmäßig ausgestrichen. Ist er fast erkaltet, wird in die Mitte eine halbe Aprikose plaziert und mit gehackten Pistazien — dem „Schnittlauch" — bestreut.

Eine schnell zubereitete Variante: Je eine Scheibe Bisquitkuchen auf Teller legen, mit Schlagsahne bedecken und ebenfalls jeweils in die Mitte eine mit Pistazien überstreute Aprikose legen.

Zutaten:

1 Päckchen Mandelpudding,
2 Eßlöffel Zucker,
$\frac{1}{2}$ l Milch,
4 halbe Aprikosen aus der Dose,
gehackte Pistazien

Gründonnerstagsuppe

Ein bißchen Aberglaube darf nicht fehlen

Ist der April schön und rein,
braucht der Mai sich nicht zu freu'n
schlimmer ist es, wenn er dürr,
denn kein Bauer dankt dafür.

Wer an Christian (3.) säet Lein,
bringt schönen Flachs in seinen Schrein.

Auch wenn es vordergründig so klingt: Der Gründonnerstag hat seinen Namen nicht von der gleichnamigen Farbe, auch nicht von dem frischen Grün, dessen erstes Erscheinen auf dem Markt man

einst mit besonderer Sehnsucht erwartete, sondern von dem althochdeutschen Wörtchen „greinen". Das bedeutete so viel wie Weinen, Trauern — und zwar um der Passion Christi willen, deren Erinnerung nun die drei vorösterlichen Tage besonders prägte.

Die besondere Speise, die am Gründonnerstag auf den Tisch kommt, hängt allerdings tatsächlich mehr damit zusammen, daß man sich der ersten grünen Kräuter erfreute, daß man sich von ihrem Genuß auch eine besonders segenbringende, gesundheitsstärkende Wirkung versprach. Sieben-Kräuter-Suppe, Neun-Kräuter Suppe, Spinat mit Ei, böhmische Spinatkrapfen, schwäbische Spinat-Maultaschen, hessisches Kräutergemüse, Hamburger oder Münchner Kräutl-Suppe, niedersächsisches Kraut-Brot, Schwarzwälder Grüne Pfannenkuchen, Frankfurter Grüne Soß, jede Landschaft hatte ihre Spezialität, doch hatten all diese verschiedenen Spezialitäten eine gemeinsame Wurzel.

Sieben oder Neun: auch ein wenig Zahlensymbolik muß berücksichtigt werden, die heilige Sieben etwa, die ihre Entsprechung in den sieben Sakramenten der katholischen Kirche hat, auch in den sieben Wochentagen, oder die Neun, die „drei mal drei" zum mystisch überhöhten Dreifaltigkeitssymbol wird.

O Haupt voll Blut und Wunden,
voll Schmerz und voller Hohn,
o Haupt, zum Spott gebunden
mit einer Dornenkron,
o Haupt, sonst schön gekrönet
mit höchster Ehr und Zier,
jetzt aber frech verhöhnet:
gegrüßet seist du mir.

Donner im April,
ist des Bauern Will.

Zutaten:

ca. 200 g frische Kräuter (Kerbel, Kresse, Sauerampfer, Petersilie, Brennessel etc.),
100 g Butter,
3 EL Mehl,
¼ l Milch,
¼ l Wasser,
Sahne,
Salz,
Pfeffer,
1 Eigelb pro Portionen,
geröstete Brotwürfel

Zubereitung
Münchner Kräutl-Suppe:

Aus der Butter und dem Mehl bereitet man eine helle Schwitze, die mit Milch, oder Wasser und Rahm aufgegossen und gewürzt wird. Dann läßt man darin einen kleinen Teil der fein gehackten Kräuter kurz verkochen.

Den größten Teil des Grüns aber gibt man erst zu, wenn die Suppe vom Herd genommen wird, denn sonst würde die typische Farbe und der typische Geschmack des Süppchens verlorengehen. Serviert wird mit gerösteten Brotwürfeln und einem vorsichtig in die Suppe gegebenen Eidotter, der nicht verlaufen darf, sondern erst mit dem Löffel beim Essen eingerührt wird.

Spinat-Maultaschen oder Grüne Krapfen

Ein Souvenir der Herren Kreuzritter

„Laßt uns nach Schwaben entfliehen! Hilf Himmel! Es findet sich süße Speise da und alles gute in Fülle. Und man bäckt im Lande das Brot mit Butter und Eiern. Rein und klar ist das Wasser, die Luft ist heiter und lieblich.“ So preist Johann Wolfgang von Goethe in seinem „Reinicke Fuchs“ Schwaben, „des Herrgotts liebstes Ländle“.

Alles Gute in Fülle: Herzstück der schwäbischen Küche ist seit eh und je die Mehltruhe und die steht, so sagen die schwäbischen Hausfrauen, auf vier Füßen: Milch und Wasser, Eier und Schmalz. Unzählige Küchle und Kratzete lassen sich daraus zaubern, vor allem aber Spätzle und ihre kleiner geformten Knöpfle-Verwandten. Spätzle, die sich in ungezählten Varianten servieren lassen, als Festtagsgericht und als Fastenspeise, Spätzle so delikat, daß selbst die Sieben Schwaben bei ihren Ausflügen nicht auf einen Feldkoch verzichten konnten, den sie naheliegenderweise Knöpfles-Schwab nannten.

Schwaben, die nach dem Sieg des Prinzen Eugen über die Türken, unter der Kolonisationsherrschaft Kaiser Karls VI. und seiner Tochter Maria Theresia die Donau entlang bis in den Banat auswanderten, haben ihre Spätzle- und Maultaschenrezepte mitgenommen, und noch heute gibt es sie in den verschiedensten Varianten in allen Küchen der einstigen Donaumonarchie. Die Frage, ob die Tortellini und Ravioli oder die Maultäschle zuerst da waren, braucht dabei nicht beantwortet zu werden.

Verzichtet man auf die vielen delikaten Fleischfüllungen, die sich für die Maultaschen, auch Kräpfle genannt, anbieten, so wird eine köstliche Fastenspeise daraus, die Grünen Krap-

Wenn der April Spektakel macht,
gibt's Heu und Korn in voller Pracht.

fen beispielsweise. Neben vielerlei Kräutermischungen ist der Spinat die bevorzugte Füllung dafür. Und dieser wiederum wird erstmals in der Abhandlung „De vegetabilibus" des großen, zu Lauingen gebürtigen Kirchenlehrers Albertus Magnus im frühen 13. Jahrhundert erwähnt. Wahrscheinlich haben, neben vielen anderen Gemüsen, die Kreuzfahrer den Spinat aus dem Orient mitgebracht.

Ist der April recht schön und rein, wird der Mai um so wilder sein.

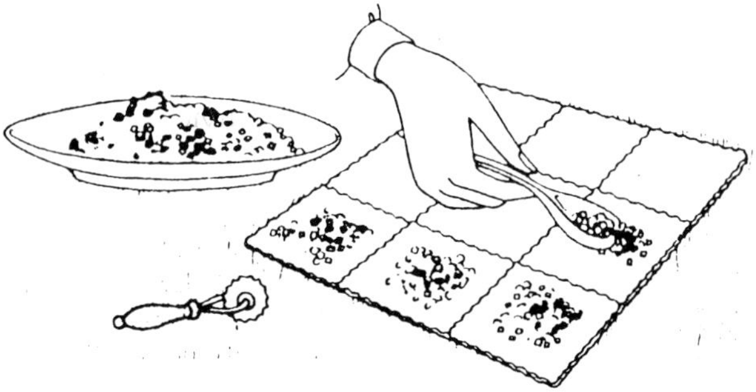

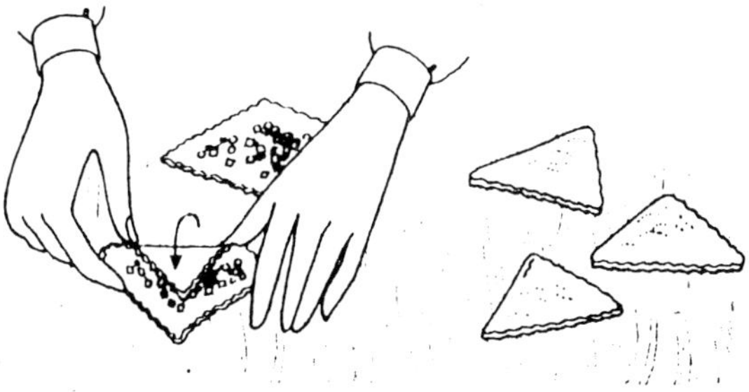

Zubereitung:
Aus Mehl, Ei und Wasser einen festen, elastischen Teig bereiten, dünn ausrollen und in etwa 12 mal 12 cm große Quadrate schneiden. Auf jedes einen Eßlöffel der würzig abgeschmeckten Fülle geben. Die Teigfleckchen zusammenklappen und die Ränder gut andrücken. In Fleischbrühe oder leicht gesalzenem Wasser etwa zehn Minuten garen. Die Spinatkrapfen können in der Brühe serviert, mit saurer Sahne verfeinert oder mit gebräunten Zwiebelringen zu grünem Salat serviert werden.

Zutaten:

- 500 g Mehl,
- 1 Ei,
- Salz,
- Pfeffer,
- Muskat,
- Knoblauch oder Knoblauchsalz,
- 750 g Spinat, gebrüht und feingehackt,
- $\frac{1}{8}$ l saure Sahne,
- eventuell Reste von Suppenfleisch oder von gekochtem Schinken

Biskuitlamm

Am Ostermorgen ein Körbchen voller Speisen in den Kirchen weihen zu lassen, ist ein Brauch, der nicht nur Segen und Gesundheit für alle bringen soll, die dann beim gemeinsamen Frühstück davon essen. Die heute noch weithin gepflegte Sitte erinnert auch an die überaus harten Fastenvorschriften vergangener Zeit, da jahrhundertelang keinerlei tierische Produkte verwendet werden durften. Was — beispielsweise — überall dort, wo nur Butter oder Schweineschmalz als preiswertes Fett zur Verfügung standen, besonders einschneidend war. In einer Zeit, da ja auch das frische Gemüse jahreszeitlich bedingt noch Mangelware war, zu kochen ohne Milch, ohne Fett, ohne Ei, ohne Fleisch: da blieb wenig Schmackhaftes übrig.

Bauen im April die Schwalben,
gibt's viel Futter, Korn und Kalben.

Mittelpunkt des mit weißen Leinen ausgeschlagenen Körbchens — das Tuch erinnerte an das Grabtuch Christi — ist ein aus Biskuitteig geformtes Lamm, das ein papierenes Auferstehungsfähnchen trägt. Ein Stück Brot gehört dazu und ein wenig Salz, buntgefärbte Eier, deren Schale wiederum das Grab symbolisiert, aus dem der Gottessohn, also das Leben selber, herausbrach, ein Stückchen Meerrettich, „das bittere Leiden des Herrn", und schließlich ein Stückchen Osterschinken. Mancherorts werden, heutzutage vor allem, Osterschinken, Brot und Salz auch zu dem in Brotteig eingebackenen Schinken vereint.

Das Biskuitlamm, heutzutage schon Wochen vor Ostern, zuckerschaum-

verhüllt und kunterbunt verziert, in jeder Konditorei zu kaufen, wird in vielen Haushaltungen noch gerne selbst gebacken. Die dazu notwendigen, zweiteiligen Formen, die lange Zeit als Schatz aus Urgroßmutters Erbe sorgsam gehütet wurden, gibt es längst wieder zu kaufen, desgleichen Hasen-Formen. Schließlich besinnen sich ja gerade viele junge Leute wieder auf den Sinn überkommener Werte; ihren daraus entspringenden „altmodischen" Wünschen nachzukommen, das verstehen viele Geschäftsleute und Hersteller ganz gut.

Eia! Eia! Ostern ist da!
Fasten ist vorüber,
das ist mir lieber.
Eier und Wecken
viel besser schmecken.
Fasten ist vorüber,
das ist mir lieber.
Eia! Eia! Ostern ist da!

Zubereitung Biskuitlämmchen:
Eigelb und Zucker schaumig rühren, löffelweise die Flüssigkeit dazugeben und so lange weiterschlagen, bis eine dickschaumige Masse entstanden ist. Dann erst die Gewürze beigeben und löffelweise das mit Backpulver vermischte Mehl. Vorsichtig das zu sehr steifem Schnee geschlagenen Eiklar unterziehen.
Die sehr sorgfältig gebutterte und bemehlte Form mit der Schaummasse füllen, aber nur zu Dreiviertel, da der Teig stark aufgeht. Bei mittlerer Hitze im vorgeheizten Rohr in etwa 40 bis 50 Minuten backen. Das Lämmchen aus der Form nehmen und gut auskühlen lassen. Der Kopf wird mit Punsch- oder Eiweißglasur glatt überzogen, der ganze Körper wird dann mit Eiweiß-Spritzglasur so gespritzt, daß der Eindruck von Locken und krauser Wolle entsteht. Mit einem Tupfer dunkel gefärbten Gusses markiert man Augen und Hufe. Für den Sockel — einen solchen weisen fast alle Lämmchenformen auf — kann man die Spritzglasur mit Speisefarbe grün färben und zur Garnitur fertige Zuckerblümchen aufkleben. Das Fähnchen, sofern man es nicht fertig kauft, wird aus Papier geschnitten und mit einem Holzstäbchen ins Lamm gesteckt.

Zutaten Biskuitlamm:

200 g Zucker,
4 Eier (getrennt),
4 EL Wasser,
2 P. Vanillinzucker,
1 TL Zitronensaft,
200 g Mehl,
2 TL Backpulver,
Butter für die Form

Zutaten Eiweißglasur:

250 g Puderzucker,
1–2 Eiweiß,
1 EL Arrak oder weißen Rum,
evtl. etwas Wasser

Hefegebäck in seinen vielen symbolträchtigen Formen ist natürlich auf dem festlich gedeckten Ostertisch reich vertreten. Nicht umsonst heißt der Karsamstag, an dem all diese duftenden Herrlichkeiten entstehen müssen, in den norddeutschen Küchenregionen „Kaukenbackensonnabend“. Eigentlich sind diese Kränze, Hasen, Hennen, Männlein, die jeweils ein buntes Ei in ihrer Mitte präsentieren, ja vorwiegend heidnischen Ursprungs, doch die Grenzen haben sich, wie bei so vielen Festen, längst verwischt. Und schließlich liegt auch in den kultischen Symbolen vorchristlicher Zeit so viel tiefer Sinn, daß man nur mit einer gehörigen Portion Hochmut die eine Überlieferung gegen die andere ausspielen sollte.

Unter den festlichen Gebäcken wäre natürlich zuerst der traditionelle Osterfladen zu nennen, von dem man sagt, er gehe auf das Fladenbrot zurück, von dem Christus beim letzten Abendmahl ein Stück abbrach, eintauchte und Judas, dem Verräter, reichte.

Fladen waren und sind in der Tat ja flache Brote und in den orientalischen, mediteranen Ländern bis heute absolut verbreitet. Fladenartig waren aber auch viele der häuslichen Hefegebäcke. Zum österlichen Festgebäck, wenn der Hefeteig mit Safran und ein wenig Ingwer, mit Orangenschalen, Vanille und vielen Rosinen besonders delikat gewürzt wird, formt man den Kuchen zu einem runden Laib, bestreicht ihn mit verschlagenem Eigelb, schneidet ihn kreuzförmig in kleinen Rauten oder Quadraten ein. Beim Aufgehen während des Backvorganges ergibt sich dann ein besonders apartes Muster. Aus dem Hefeteig werden auch kleine, geflochtene Nestchen geformt, in die man gefärbte Eier setzt, oder große Kränze, in die man für die traditionelle kirchliche Segnung die Speisen bettete.

Und schließlich kann man — wie zu Nikolaus den Klausenmann — aus dem Hefeteig einen Hasen oder eine Henne formen oder eben ein Eiermanndl. Hasen und Hühner, Tiere also, die sich rasch vermehren und ihre Jungen zur Frühjahrszeit zur Welt bringen, die bunten Eier, aber auch das Abbild des Menschen, der sich einst nach reichem Kindersegen sehnte: all das sind Symbole des Fruchtbarkeitszaubers mit einer Tradition, die in die älteste Geschichte zurückreicht. Und jeder Frühling galt als Verheißung dieser ersehnten Fruchtbarkeit: Felder und Gärten, Mensch und Vieh, sie alle sind in diesen ewigen Kreislauf der Erneuerung eingeschlossen. Eben diese Erneuerung sollte auch die angebliche germanische Frühlingsgöttin Ostara garantieren, Ostara, deren Existenz allerdings nirgendwo nachweisbar ist, soll — auf dem Umweg über das englische Wort Eostra — immerhin unserem Osterfest den Namen gegeben haben.

Über ihren uralten Fruchtbarkeitszauber hinaus sind die Eier zum christlichen Symbol des Osterfestes geworden. Die Schale versinnbildlicht, so will es der Volksglaube, dem vor allem die legendären Barockpre-

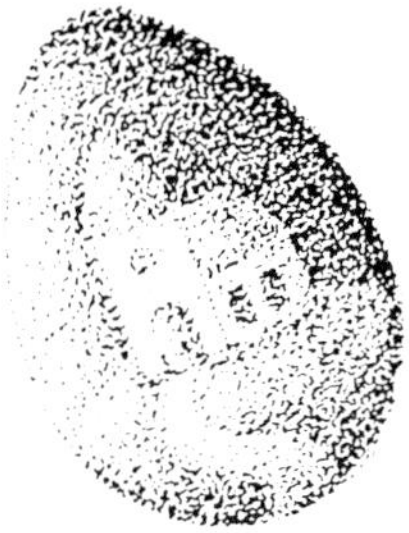

diger kräftig Nahrung gaben, die dunkle Hülle des Grabes, das Leben in sich einschließt. Das ewige Leben, zu dem Christus am Ostermorgen erstand, zu dem am Ende der Zeiten alle Menschen berufen sind. Doch da gibt es auch die Symbolik der vier Elemente, die den Dotter als Feuer und das Eiweiß als Wasser, die Blase als Luft und die Schale als Erde bezeichnet, da gibt es aber vor allem das Ei als glückbringendes Angebinde, als Liebesorakel. Besonders die Rotgefärbten, die an das Herzblut und damit an die heiße Liebe erinnerten, spielten dabei eine ganz besondere Rolle. Nicht nur zwischen Liebesleuten wurden rote Eier ausgetauscht, sie waren auch Geschenk der Paten an die Kinder, die Mägde an die Knechte, an die Verehrer, die zu Ostern den jungen Mädchen einen kurzen Besuch abstatteten.

Nicht nur das Färben der Eier hat uralte Tradition, sondern auch das Bemalen und das Verzieren. Schon um 3000 vor unserer Zeitrechnung wurden in China bemalte Eier als Frühlingsgabe verschenkt, in Worms entdeckte man in Steinsärgen aus dem Jahr 320 nach Christus bemalte Eier als Grabbeigabe.

Die geweihten Speisen mußten,

Heller Mondschein im April
gibt an Obst und Wein nicht viel.

Freundschaft habe ich dir versprochen,
Und noch nie mein Wort gebrochen,
Zum Zeichen meiner Treu
Schenke ich dir ein Osterei.

Ein treues Herz das hab ich schon,
Das will ich dir auch schenken,
Schön und reich das bin ich nicht,
Das macht dir kein Bedenken.

Die Lieb' ist groß, die Gab' ist klein,
Damit sollst du zufrieden sein.

Mein Herz das brennt wie eine Glut,
Möcht wissen, was das deine tut.

Du talgater Bua,
Kommst vor fragen nit dazu.
Wenn d'a Bußl willst haben,
Mußt mit nit so lang fragen.

Flieg hin, du schönes Ei
Zu meinem Schatz ins Haus,
Frag, was er hat im Sinn,
Richte den Gruß fein aus.

Lieben und nichts haben,
Ist härter, als Stein graben.

Ich wünsch' gute Ostern
Und viel der guten Zeiten,
Ein leichtes Gemüt,
ein frisch Geblüt
Und Glück von alten Seiten.

Rosen, Tulben, Nelken,
Und alle Blumen welken,
Nur dein Glück allein
Soll stets blühend sein.

Ich gebe dir ein Osterei,
Zu deinem Angedenken,
Und wenn du es nicht willst,
So kannst du es verschenken.

sollten sie ihre heiligende Kraft weitergeben, noch am Ostersonntag gegessen werden, aber all die bunten, hartgekochten Eier, die man heischen oder einheimsen, bei den zahlreichen Geschicklichkeitsspielen gewinnen konnte, wurden so einfach aus der Hand verzehrt oder aufgeschnitten auf grünen Salat gebettet. Mit bündigen Soßen, majonnaiseartigen Cremes und vielerlei Gewürzen angereichert, finden sich schon in ganz alten Kochbüchern Rezepte für einen „Salat aus hartgekochten Eiern angemacht“.
Zeitgemäße Varianten dürften ebenso hilfreich sein, der Eierflut Herr zu werden, dafür aber bleiben sie weniger kalorienreich und weniger schwer verdaulich.

Zubereitung Osterfladen:
Alle Zutaten müssen Zimmertemperatur haben. Mehl in eine tiefe Schlüssel geben, in die Mitte die gebröselte Hefe und einen Eßlöffel Zucker geben. Mit etwas angewärmter Milch ein Dämpferl anrühren und gut gehen lassen. Dann die übrigen Zutaten außen auf den Mehlrand nicht auf die Hefe geben. Vorsichtig einrühren und zu einem mittelfesten Teig schlagen, bis dieser sich seidenglatt vom Schlüsselrand und vom Kochlöffel löst. Mit etwas Mehl bestreut an warmem Ort zu doppelter Größe aufgehen lassen. Auf dem bemehlten Brett durch Kneten zum Fladen formen, nochmals gehen lassen, mit dem Eigelb bestreichen. Vor dem Backen mit einem scharfen Messe ca. 1 cm tief Karos einschneiden.

„Auf ein Ei“
Die Sophisten und die Pfaffen
stritten sich mit viel Geschrei:
was hat Gott zuerst erschaffen,
wohl die Henne, wohl das Ei?
Wäre das so schwer zu lösen?
Erstlich ward ein Ei erdacht,
doch weil noch kein Huhn gewesen,
Schatz, so hat's der Has' gebracht.
Eduard Mörike

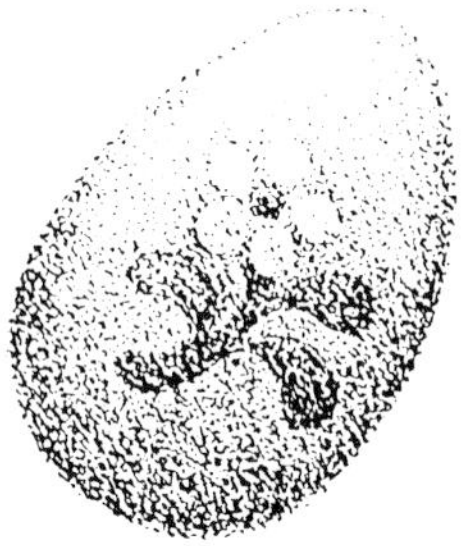

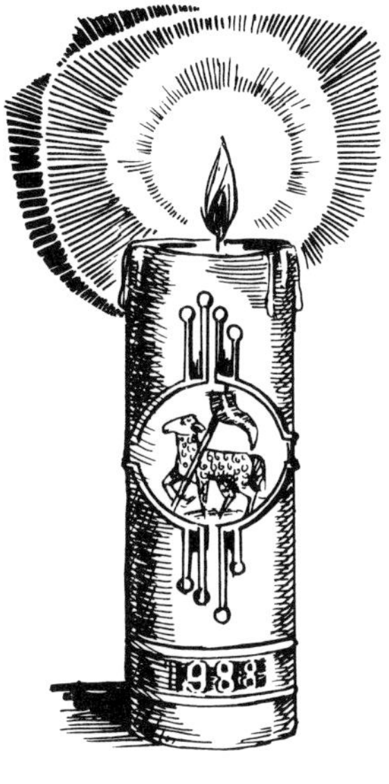

Zubereitung Ostersalat:
Das kleingeschnittene Hühnerfleisch bzw. die Krabben und das in grobe Streifen gehackte Eiweiß werden mit der gut gewürzten Majonnaise vermischt. Das zerbröckelte Eigelb wird nur lose darüber gestreut, wenn man nicht will, daß es sich in die Creme einmengt. Man kann es aber auch gleich in die Majonnaise einrühren.

Zutaten Osterfladen:

- 500 g Mehl,
- 30 g Hefe,
- ⅛ l lauwarme Milch,
- 80 g Butter,
- 80 g Zucker,
- 2 Eier,
- 1 Eigelb,
- 1 Vanillinzucker,
- 1 Prise Salz,
- 1 Prise Safran,
- 100 g feingeschnittenes Zitronat

Zutaten Ostersalat:

- 200 g Hühnerfleisch oder 200 g Krabben,
- 6 hart gekochte Eier,
- 200 g Leichtmajonnaise oder Remoulade mit Joghurt verdünnt

Fränkisches Zicklein

Abraham gab uns ein gutes Beispiel

April windig und trocken, macht alles Wachstum stocken.

Lamm und Widder, von keiner älteren Opferspeise wissen wir, von keiner, die die ägyptische, die jüdische und christliche Kultur nachhaltiger geprägt hätte. Abel legte das Fett von den Tieren seiner Herde auf den Altar, Abraham opferte den Widder, als er auf Gottes Ratschluß seinen Sohn Isaak verschonen durfte. Vom Passah Lamm, einem einjährigen Böcklein, ist beim Auszug der Israeliten aus Ägypten ebenso die Rede wie beim letzten Abendmahl. Und „Christus das Opferlamm", wurde geschlachtet, um mit seinem Blut die Schuld der Menschen zu sühnen.

Die Symbolik des Lammes auf dem Opfer-Altar wie die Symbolik des sühnenden Gottessohnes, dessen Auferstehung wir zu Ostern feiern, sind eingeflossen in den Brauch, zum österlichen Mahl ein gebratenes Lämmchen zu verzehren, in das Körbchen für die traditionelle österliche Weihe der Speisen (solche, die während der Fastenzeit verboten gewesen waren) ein gebackenes Lamm zu plazieren.

Natürlich spielt auch eine Rolle, daß man im jungen Frühling die Köstlichkeit des zarten, jungen Fleisches genoß, daß die Schafe jeweils die ersten Tiere waren, die ihre Jungen setzten, und daß die kleinen Böcke rechtzeitig dezimiert werden mußten, sollte der Frieden der Herde gewahrt bleiben. Eine ökonomische Notwendigkeit also, die schon den nomadisierenden Hirtenvölkern des alten Israel vertraut gewesen sein mußte — vielleicht wählten sie deshalb das Schlachten der jungen Böcke für ihre orientalisch-symbolhaften Geschichten.

Der ganze, am Spieß gebratene Hammel wird vor allem im griechischen und jugoslawischen Raum als österliche Delikatesse geschätzt, die Hammelschulter wird in Spanien serviert, die Römer möchten ihre artischockenumlegten und rosmarinduftenden Osterlämmer in der Pfanne brutzeln hören, die festliche Tafel ziert im Süden die Lammkrone — der im deutschen Raum die Pfingstkrone entspricht.

Lamm und Hammel sind zwar nicht in allen Gegenden Deutschlands gleichermaßen geschätzt, in Franken aber, in der Lüneburger Heide und in der Oberpfalz, wo weite Landstriche nur von den anspruchslosen Tieren beweidet und nicht landwirtschaftlich genutzt werden können, weiß man deren zartes Fleisch durchaus zu schätzen.
Im Mecklenburgischen wurde, Symbol für Christus und die Jünger, das Osterlamm mit 12 Eiern umlegt.

Wenn der April stößt
rauh ins Horn,
So steht es gut um Heu
und Korn.

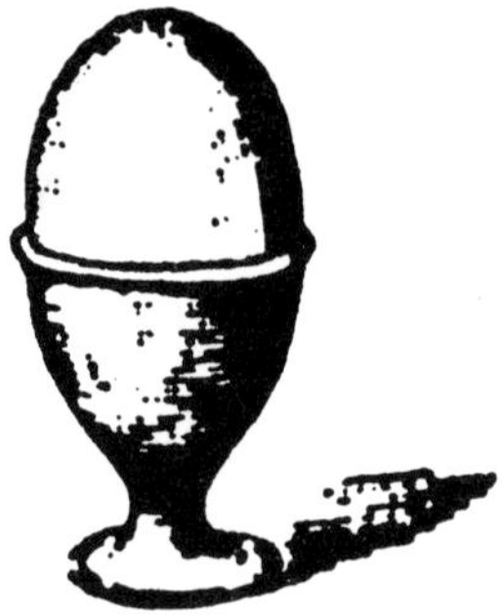

Zubereitung
Fränkisches Zicklein:

Das Zicklein wird außen und innen gewürzt, in die Bauchhöhlung kommt ein Petersilienstrauß. In einer großen Bratpfanne wird das Fleisch rundum goldbraun in Butter angebräunt. Mit der Fleischbrühe aufgießen und im Rohr in ein bis eineinhalb Stunden bei mittlerer Hitze garen, regelmäßig mit dem Fleischsaft übergießen und den Deckel oder die Alufolie, die zu Beginn des Bratvorgangs aufgelegt wurde, während der letzten zehn Minuten entfernen, um eine knusprige Oberfläche zu erreichen. Der Fonds wird mit Fleischbrühe oder besser mit mildem Weißwein aufgegossen, mit der Speisestärke gebunden und mit Sahne verfeinert. Der zerteilte Braten wird mit Petersiliensträußchen und Zitronenrädchen garniert zu Tisch gebracht.

Zutaten:

1 Zicklein,
100 g Butter,
½ l Fleischbrühe,
¼ l Weißwein,
2 EL Stärkemehl,
½ Becher Sahne,
Salz,
Pfeffer,
3 Zehen Knoblauch aus der Presse,
Rosmarin oder Thymian

Mai

Den Gärtnern ist er Blumenmonat, den Hirten Weidemonat, den Verliebten Wonnemonat und den in Traditionen verhafteten Katholiken Marienmonat. Freundlicher als mit dieser Fülle von Kosenamen kann man einen Monat wohl kaum begrüßen. Lange vor den ersten Sonnenstrahlen des ersten Maientages ist aller nächtliche Spuk verschwunden, schweigend und heimlich holt man die grünen Ruten vom Waldrand, schöpft man das schönheitsspendende Maienwasser. Und doch war das Femegericht noch nicht überstanden: Mädchen, die Kirschzweige vor ihrem Fenster fanden, waren als Klatschmäuler gezeichnet, Weißdornzweige zeigten die allzu eifrige Suche nach einem Hochzeiter an, wer sein Kammerfenster leichtfertig öffnete, mußte den Schandmaien fürchten, einen dürren Wipfel, einen alten Reisigbesen. Nur ein Strauß geschmückter Zweige, ein Fichtenbäumchen voller bunter Bänder galten als Zeichen der Liebe.

Zeichen der Liebe, aber auch Möglichkeit zum „Anbandeln", zur ersten vorsichtigen Kontaktaufnahme mit dem anderen Geschlecht: dafür gibt es dann die zahlreichen, lustigen Spiele und Tänze rund um den Maibaum, den Lebensbaum, der heutzutage nicht nur in traditionsbewußten Dörfern, sondern sogar wieder in Städten, ja selbst mitten im „Millionendorf" München, figurenreich von der Geschichte seines Standortes und aus dem Leben der Menschen erzählt, die sich bei ihm versammeln.

Maibutter und Maiwein

Dem Wonnemond geflochten: Ein Ehrenkranz aus „grünen Maien"

Wonnemonat, Weidemonat, Marienmonat auch in den katholischen Landen, Liebesmonat: mit wieviel Ehrennamen wird der Mai doch bedacht, mit Liedern, Bräuchen und Spielen begrüßt! Man muß sich wohl die Strapazen eines harten Winters in vergangenen Jahrhunderten vorstellen, um diese Überfülle der Freude ganz zu fassen. Es gab weder Fernheizung noch elektrisches Licht, weder isolierte Wasserleitungen noch einen städtischen Schneepflug, weder einen Großmarkt mit schier unerschöpflich frischem Warenangebot noch öffentliche Verkehrsmittel, ein schnell erreichbares Notarzt-Fahrzeug so wenig wie das Telefon.

Mai: Nun aber konnte das Vieh aus dem Stall wieder auf die Weide getrieben werden und gab bei reichlich frischem Futter wieder reichlich Milch. Das winterliche Frieren, das mühsame Stapfen durch Schnee oder durch den Schlamm unbefestigter Wegstrecken hatte ein Ende, die Felder zeigten sich in verheißungsvollem Grün, im Hausflur zwitscherten die glückbringenden Schwalben — was Wunder, wenn es nun hieß „Alles neu macht der Mai“. Wenn man mit übermütigen Spielen seine Kräfte maß und aus vollem Herzen ungezählte Fruchtbarkeitsriten vollzog. Noch vor Sonnenaufgang wurde frisches Grün aus den Wäldern geholt, der Maien, um damit Häuser und Stallungen, junge Mädchen im heiratsfähigen Alter ebenso wie das Vieh, die Grundlage bäuerlichen Reichtums, segenspendend zu „streicheln“.

Wie lieblich ist der Maien
aus lauter Gottesgüt!
Des sich die Menschen freuen,
weil alles grünt und blüht.
Die Tier sieht man jetzt springen
mit Lust auf grüner Weid,
die Vögelein hört man singen,
die loben Gott mit Freud.

MARTIN BEHM (1557 — 1622)

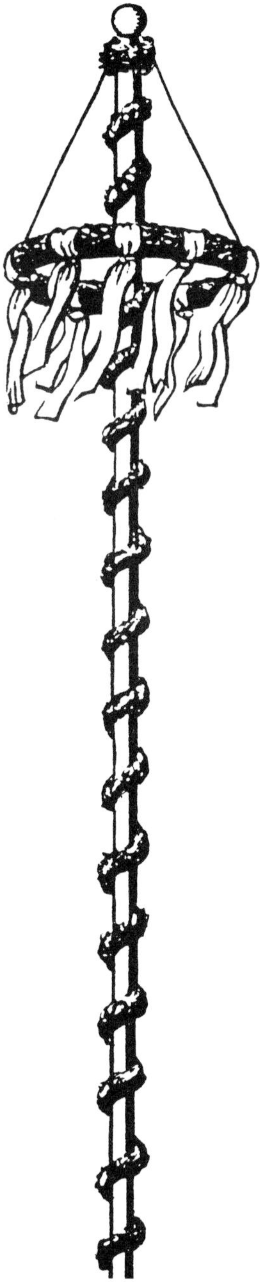

Maientau macht grüne Au:
Maienfröste unnütze Gäste.

Nicht nur in den Dörfern, vielerorts auch in den Städten wird der Maibaum aufgestellt, dessen Bildtafeln die Geschichte der Ortschaft erzählen, von ihren Handwerkern, ihren Menschen. Wählt man keinen neuen Baum — der tage-, besser gesagt nächtelang vor den Burschen der Nachbardörfer gehütet werden

muß —, so wird zumindest der Maibaum des Vorjahres mit einem frischen grünen Kranz geschmückt. Und unter diesem Maibaum sammeln sich noch heute nicht nur die Tänzer, sondern auch die Zecher, die den Maiwein genossen.

Viel Gewitter im Mai,
singt der Bauer Juchhei.

Caritativen Charakter hatte durch Jahrhunderte ein nahrhafter Brauch in München: Aufgrund einer „ewig güld“, einer aus den Zinsen des Legats zu begleichenden Stiftung des Patriziers Burghard der Wadler, verteilte alljährlich ein Reiter in der Nacht zum ersten Mai an jeden Bedürftigen, vor allem aber an die Kranken und Siechen des uralten Heilig-Geist-Spitals, Brezen.

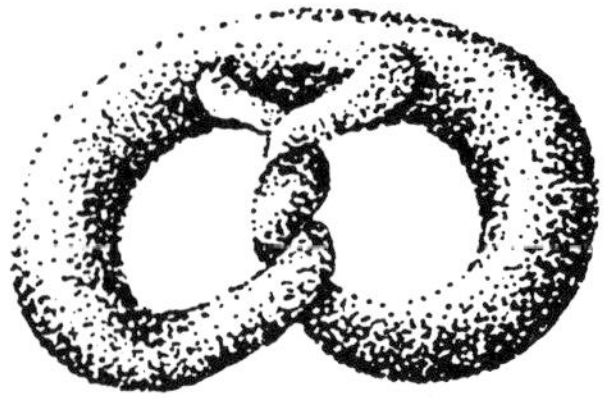

Stifter war Burghard der Wadler, ein Patrizier, der zu Anfang des 14. Jahrhunderts an einem 1. Mai starb und einen Teil seines Nachlasses für diese Stiftung bestimmte, die bis 1801 lebendig blieb und auch in unserer Zeit zumindest bei besonderen Gelegenheiten neu belebt wird.
Ganz besonders gefeiert aber wird in der lebenslustigen Münchner Stadt ein „Held im Schaumgelokke“. Der Maibock ist gemeint, den der fast vergessene Dichter Paul Heyse in einem launigen Gedicht so bezeichnete. Und dieses würzige Starkbier hat den besonderen Vorzug, daß man es im Freien genießen kann, in einem der unzähligen Biergärten, der für die kommenden Monate überall dort, wo es ihn gibt, zu den beliebtesten Freizeitoasen gehört.

1 Hollerkücherl, Holunderdolden in Pfannkuchenteig gebacken

2 Maultaschen mit köstlicher Füllung, hier mit Spinat

3 Pickelsteiner, Pichelsteiner oder Büchlsteiner,
alle meinen den selben schmackhaften Eintopf

4 Spargel mit Sauce Vinaigrette, eine göttliche Speise

Junger Rettich wird zum Maibock serviert, butterzarte Radieschen, krachfrische Laugenbrezen, ein Schnittlauchbrot.
Ein bißchen aus der Mode gekommen, weil man das frische Grün eben nicht mehr so zu schätzen weiß wie einst, wo man wirklich auf die allerersten Gaben des eigenen Kräuterbeetes warten mußte, ein bißchen aus der Mode gekommen ist die Maibutter. Sie war besonders köstlich, weil die Milch nun schon viel fettreicher und schmackhafter war als während der Zeit der winterlichen Stallfütterung, und kam sozusagen mit frischem Grün festlich bekränzt auf den Tisch.
Bei sanfter Hitze geschmolzen wird Maienbutter, prosaisch kann man sie natürlich auch Kräuterbutter nennen, zu frischen Flußkrebsen, zur Maischolle oder zum ersten Spargel serviert. Schon Mitte des 16. Jahrhunderts erwähnt die Augsburgerin Philippine Welser, die nicht nur eine weithin gerühmte Schönheit, sondern auch eine besonders tüchtige Hausfrau gewesen sein muß, in ihrem handschriftlichen Kochbuch ein „Mayenmus“, zu dem sie ausgelassene Maibutter verwendete.

Hippel di pippel,
die Wurst hat zwei Zippel,
der Speck hat vier Ecken,
das würd' uns gut schmecken.

Zubereitung Maibutter:
Die frischen Kräuter werden sehr klein gehackt, die zu einer Rolle geformte Butter wird so intensiv wie möglich darin gewälzt, bis sie ganz dick eingehüllt ist. Beim Aufschneiden sehen die Scheiben aus wie eine mit Maiengrün bekränzte Sonne.

Zubereitung Maiwein:
Der mit den Orangenscheiben, dem Waldmeister und dem Zucker gewürzte Maiwein muß vor dem Servieren mindestens eine halbe Stunde rasten, zugedeckt auf jeden Fall, damit das feine Aroma sich nicht verflüchtigt.

Zutaten Maibutter:

- 250 g Butter (am einfachsten ist es, Rollenbutter zu nehmen),
- 50 g gemischte Kräuter wie Petersilie, Dill, Kresse, Zitronenmelisse, Kerbel etc.

Zutaten Maiwein:

- 2 Fl. leichten Riesling,
- 6 Scheiben einer ungespritzten Orange,
- 1 Bund Waldmeister,
- Zucker nach Geschmack 50 bis 100 g

Frikassee und Nockerl

Das weiße Essen am Weißen Sonntag

Ein Bienenschwarm im Mai
Ist wert ein Fuder Heu;
Aber ein Schwarm im Juni
Lohnt kaum die Müh'.

Der Weiße Sonntag war einst in katholischen Gemeinden ein ganz besonderer Festtag. Wann er gefeiert wurde, das hing vom Kalender ab. Der Weiße Sonntag war der erste Sonntag nach Ostern, und Ostern fällt ja bekanntlich auf den ersten Sonntag nach dem Frühlingsvollmond. Das kann frühestens am 22. März und spätestens am 25. April sein. Sieben Tage später, also irgendwann zwischen dem 29. März und dem 2. Mai, hieß es, die Altäre festlich zu schmücken und die Kinder in besonderem Maße auf ihre Einbindung in das religiöse Leben vorzubereiten. Denn der Weiße Sonntag war — solange das Kirchenjahr noch alten Traditionen folgte — der Tag der Erstkommunion. Längst sind diese Regeln außer Kraft: Erstkommunion wird in den Pfarreien zu den verschiedensten Terminen gefeiert, bis in den Hochsommer, ja manchmal bis in den Herbst hinein, und auch für die Firmung ist nicht mehr gültig, daß man erst Pfingsten, das „Kommen des Heiligen Geistes", abwarten mußte, ehe man den Bischof auf seiner Firmreise durch die Diözese erwarten konnte.

Auch das Weiß, in das sich einst die Mädchen zu Erstkommunion und Firmung hüllen durften (für besonders temperamentvolle mußte es schon eher heißen, hüllen mußten), hat an Bedeutung verloren. Statt des weißen, reich bestickten oder spitzenverzierten Festkleides und des Stoffblumenkranzes, die die Reinheit des Herzens und eine symbolische „Angelobung an Christus", den Bräutigam der Kirche, versinnbildlichten, wird ganz einfach ein helles Sommerkleidchen getragen, ja es gibt sogar Pfarrer, die — meist

gegen den vehementen Widerstand der Eltern – die Kommunionkinder in eine Art Ministrantenkutte stekken, was angeblich das Fest von weltlichen Aufwand befreien und alle gleich machen soll, die zum Altar kommen. (Davon, daß nur in den wenigsten Pfarreien die Mädchen auch später eine Ministrantenkutte anziehen und Altardienst leisten dürfen, weil in der Kirche eben doch nicht alle gleich sind, davon ist natürlich bei solcher Art Festvorbereitung nicht die Rede.)

Von Schneeglöckerl über Narzissen, weiße Tulpen bis zum weißen Flieder reichten – wann eben der Weiße Sonntag im Kalender stand, wie „weit" die Vegetation gediehen war und wie geschützt oder rauh der jeweilige Landstrich – die Dekorationen, dazwischen kam viel Asparaguskraut oder ein paar Myrthenzweigerl, damit sich das Weiß der Blumen auch gut genug vom Weiß der damastenen Tischdecke abhob. Weiß wurden die bescheidenen Geschenke verpackt, ein Gebetbuch, ein Wachsstock, ein silbernes Kreuzchen als Anhänger, ein bunter Druck des Letzten Abendmahls. Weiß das Geschirr gewählt und weiß mußten auch die Speisen sein. Das „weiße Essen" kam übrigens auch dort traditionsgemäß auf den Tisch, wo es – im jeweiligen Jahr – gerade keine Erstkommunionkinder in der Familie gab, der Respekt vor der Heiligkeit des Altarsakramentes war ja nicht an den Tag der Erstkommunion gebunden.

Mairegen auf die
Saaten:
Es regnet Dukaten.

Mütter jedenfalls, die einst, als man die Kinder noch in ein Festgewand stecken durfte und der Einzug der Erstkommunikanten ein Ereignis für die ganze Pfarrei war, pflegten, war einer ihrer Sprößlinge dabei, sehr sorgfältig Tischdekoration und Speisenfolge zu planen. Schließlich kamen auch Großeltern, Onkel und Tanten, Paten und Freunde, um beim Mahl mitzuhalten, beim geistlichen wie beim weltlichen.

Stöffele
Pantöffele,
nimm's Löffele;
wenn du essen willst,
so bete auch!

Weiße Speisen — die hell legierte Suppe aus Hühnerfleisch, aus Hirn oder Bries, Reis oder Grieß, Blumenkohl oder Spargel — machten den Anfang, dann folgte Geflügel oder Kalbfleisch zu hellem Frikassee gekocht, Süßwasserfisch in Weißweinsoße. Und zum Nachtisch gab es selbstgemachtes Zitroneneis, eine Creme Bavaroise aus Bananen, Birnen in Weinchaudeau oder — stand eine besonders routinierte Köchin am Herd — gar Salzburger Nockerl, blütenweiß überzuckert natürlich.

Zutaten Hühnerfrikassee:

1 Huhn,
1 Kalbszunge,
Suppengemüse,
Pfefferkörner,
1 Lorbeerblatt,
2 EL Mehl,
50 g Butter,
100 g Champignons,
$\frac{1}{8}$ l Weißwein,
Zitronensaft,
Pfeffer,
1 EL Kapern,
Spargelspitzen,
frischer Pfeffer

Zutaten Salzb. Nockerl:

$\frac{1}{8}$ l Milch,
50 g Butter,
1 TL Vanillinzucker,
3 Eier,
70 g Zucker,
60 g Mehl,
Puderzucker

Zubereitung Hühnerfrikassee Berliner Art:

Das Huhn (oder eine kleine Poularde) mit den Gewürzen etwa eine Stunde weich kochen, das Fleisch sorgfältig von den Knochen lösen und in mundgerechte Stücke zerteilen. Die extra gegarte Kalbszunge sorgfältig enthäuten und in kleine Würfel schneiden. Die Brühe auf knapp $\frac{3}{8}$ Liter Flüssigkeit einkochen lassen und durchseien. Aus Mehl und etwa 50 g Butter eine helle Schwitze bereiten und mit der Brühe aufgießen. (Man kann statt dessen auch ein Fertigprodukt Helle Soße einrühren, sollte dann aber mit dem Salz sehr vorsichtig umgehen.) Die feinblättrig geschnittenen Champignons kurz andünsten und in die Soße geben, desgleichen das Fleisch. Mit dem Weißwein, evtl. etwas Zitronensaft, den Kapern und frischem Pfeffer würzen. Nochmals bis an den Siedepunkt erhitzen, aber nicht mehr kochen lassen. Mit den getrennt erhitzten Spargelspitzen wird das Frikassee vor dem Auftragen garniert.

Zubereitung Salzburger Nockerl:

Milch mit Butter und Vanillezucker in einer weiten Auflaufform aus Steingut oder feuerfestem Glas zum Kochen bringen. Drei Eiweiß mit einem Teil des Zuckers sehr steif schlagen, dann den restlichen Zucker, die Eidotter und zum Schluß das Mehl vorsichtig unterheben. Die Biskuitmasse über die kochende Milch verteilen, mit etwas feinem Zucker überstäuben und im vorgeheizten Rohr ca. 15 Minuten backen. Mit Puderzucker bestreut im Backgeschirr servieren.

Süßer Igel, gut gespickt

Muttertagsüberraschung ohne Brandblasen

Von einer Tradition im eigentlichen Sinne des Wortes kann man natürlich beim Muttertag kaum sprechen, er ist eine Erfindung unseres Jahrhunderts und eine amerikanische noch obendrein. Und doch — wer wollte es schon wagen, an diesem zweiten Maiensonntag kein passendes Präsent bereitzuhalten. Tagelang wird zuvor schon in Kindergärten gemalt und gebastelt, wird flüsternd beraten, mit welchem Kuchen die Kinder ihre Mutter überraschen können, werden Blumen gepflückt (oft genug freilich in Nachbars Vorgarten) oder Ausflugspläne geschmiedet und Tische in Restaurants bestellt unter der wohlklingenden, meist allerdings von geschäftstüchtigen Managern angeheizten Devise, „an diesem Tag solle keine Mutter von ihren üblichen Haushaltspflichten gequält werden". Aufgebracht wurde die Idee, einen Muttertag zu feiern, 1907 von der Amerikanerin Anna Jarvis aus Philadelphia. Schon 1914 erließ US-Präsident Wilson dann den Kongreßbeschluß, den zweiten Mai-Sonntag „als öffentlichen Ausdruck für die Liebe und Dankbarkeit" zu begehen, die man „allen Müttern im Lande" entgegenbringe.

Allzu kommerzialisiert ist diese an sich reizende Idee mittlerweile wohl geworden, aber es gibt auch noch genügend Familien, die es dabei bewenden lassen, daß der Vater das Frühstück ans Bett bringt und die

Meiner Mutter

Wie oft sah ich die blassen Hände nähen,
ein Stück für mich — wie liebevoll du sorgtest!
Ich sah zum Himmel deine Augen flehen,
ein Wunsch für mich — wie liebevoll du sorgtest!
Und an mein Bett kamst du mit leisen Zehen,
ein Schutz für mich — wie sorgenvoll du horchtest!
Längst schon dein Grab die Winde überwehen,
ein Gruß für mich — wie liebevoll du sorgtest!

Detlev von Liliencron

Der Mai in der Mitte
Hat für den Winter
immer noch eine Hütte.

Kinder einen einfachen Nachmittagskuchen bereiten.
Natürlich können schon die Jüngsten einen fertig gekauften Kuchenboden mit Obst belegen und mit ein wenig Sahne garnieren, oder einen ebenfalls fertig erhältlichen Tortenboden mit Marmelade zusammenkleben und mit Zuckerguß überziehen. Fertig gekaufte Schokoladenplätzchen, Belegkirschen oder Zukkerblüten machen daraus schon ein ganz ansehnliches Gebäck. Ein wenig aufwendiger, aber auch viel origineller wäre es, einen „Gespickten Igel“ zu servieren.

Zutaten:

150-200 g Löffelbiskuits,
375 g Butter,
150 g Puderzucker,
¼ l starker Bohnen-Kaffee,
oder 5 EL Schokosirup,
2 Eigelb,

Zubereitung:

Die Butter wird schaumig gerührt, mit dem Puderzucker, den Eigelb, der Hälfte des Kaffees oder dem Schokosirup zu einer geschmeidigen Creme geschlagen. Dann werden die Biskuits auf einer Platte zu einer ovalen Form gelegt (zwei mal zwei hintereinander und etwa in der Mitte je einen rechts und links daneben), vorsichtig mit etwas Kaffee besprengt und reichlich mit der Creme bestrichen. Eine zweite Lage kommt in gleicher Größe darüber und wird ebenso behandelt. Die weiteren Lagen werden so verkleinert, daß am Schluß die längliche runde Körperform eines Igels entsteht. Die restliche Creme wird glatt darüber gestrichen. Dann wird der Igel mit aufrecht eingesteckten Mandelstiften dicht gespickt, wobei das Köpfchen frei bleibt. Augen und Schnäuzchen kann man durch Mokkabohnen oder große Rosinen andeuten. Die Torte sollte möglichst kalt serviert werden.

„Fliegendes Fleisch"

Donnert es im Mai recht viel,
hat der Bauer gewonnen Spiel.

Noch gibt es in barocken Bauernkirchen des Alpenraumes in der Decke das sogenannte „Heilig-Geist-Loch". Durch dieses Loch, oft inmitten eines dekorativen Freskos angebracht, lies der Mesner, der Küster, am Pfingstfest eine geschnitzte Taube in den Kirchenraum schweben, um den Gläubigen das Kommen des Heiligen Geistes nur recht sinnenhaft vor Augen zu führen. Manches Mal schwebten auch Oblaten als Himmelsbrot oder blutrote Pfingstrosenblätter herab, die jene Feuerzungen symbolisierten, die während ihrer vielsprachigen Predigten über den Aposteln geschwebt sein sollen.

Doch noch ein zweites Mal im Jahr wurde das „Heilig-Geist-Loch" geöffnet, zu Himmelfahrt nämlich, wenn eine Figur des auferstandenen Christus gen Himmel schweben sollte. Aufmerksame Augen verfolgten diese „Auffahrt", denn es ging der Glaube um, aus der Richtung, in die

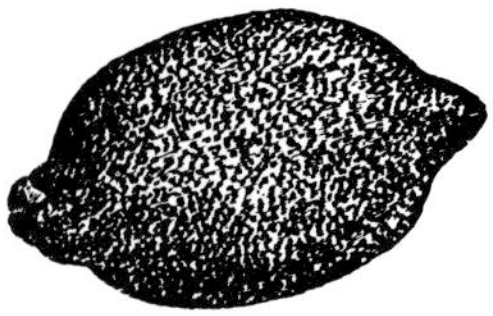

Zutaten Gefüllte Tauben:

4 junge Tauben,
Innereien der Tauben,
1 Stück Sellerie,
1 Stück Apfel,
Petersilie,
Semmelbrösel,
geriebene Mandeln,
Zwiebel,
Zitronenschale,
Wacholderbeeren,
Salz,
Pfeffer,
1 Glas Weinbrand,
1 Ei

der hölzerne Herrgott seinen letzten Blick warf, ehe er im Kirchenspeicher verschwand, sollten im anbrechenden Sommer die Gewitter kommen.

Minister von Montgelas blieb es anno 1803, als die Aufklärung in Bayern ihre schlimmsten Blüten trieb, vorbehalten, diese „geistlosen und zweckwidrigen Zeremonien“ mit Nachdruck zu verbieten, die „das Haus Gottes durch unanständige Schauspiele entweihen“, und zu denen bis dahin „unter lärmendem Gedränge“ das „gaffende Volk“ herbeigeströmt war.

Nur „fliegendes Fleisch“ durfte am Himmelfahrtstag auf den Tisch kommen, denn an dem Tag, da der Herr die Welt verlassen hatte, nie mehr über die Erde, nie mehr über das Wasser schreiten sollte, mußten ihm auch die Bewohner der Lüfte die Ehre erweisen, was ihnen dann schließlich den kulinarischen Spitznamen „Auffahrts- oder Himmelfahrtsvögel“ eintrug.

Dort, wo das Geflügel Seltenheitswert hatte, wich man auf vogelförmig gebackene Brote aus, die gelegentlich sogar in den Kirchen gesegnet und dann an die Schulkinder, von Allgäuer Wirten auch an die Gäste, verteilt wurden. Ein typisches Himmelfahrtsessen, ein „Herrenessen“, waren im norddeutschen Raum die falschen Tauben, mit Fleischteig gefüllte Brötchen. Und diese Herrenbrote waren ein beliebter Imbiß für die Herrenpartie, den jahreszeitlich bedingten Ausflug, dem im bayerischen Raum das „Brotflehen“ entsprach, eine ausgedehnte Flurprozession mit der Bitte um guten Erntesegen. Den Ausflug zu Ehren des Herrn, die Flurprozession sind eingeflossen in die alkoholselige Vatertags-Partie, eine neumodische, kommerzialisierte Sitte, die auf ehrwürdigen Traditionen fußt.

Zubereitung Gefüllte Tauben:

Aus den Zutaten, einschließlich der feingewiegten Mägen, Herzen und Lebern der Tauben, macht man eine feine Fülle, die man gleichmäßig in die gesalzenen, gepfefferten Täubchen verteilt. Beinchen und Flügel werden an den Körper gebunden, die Vögel zugenäht, und in reichlich Butter, der man einige Speckwürfel beigibt, goldbraun gebraten. Während des Bratens werden die Tauben regelmäßig mit dem Bratfett übergossen, das vor dem Servieren dann mit Petersilie und Mehlbutter zu einer sämigen Soße verarbeitet wird.

Aachener Printen

Unter den zahlreichen Präsenten, symbolischen und praktischen, die Johannes Paul II. während seines Aufenthaltes in der bayerischen Landeshauptstadt überreicht bekam, war auch ein Päckchen Aachener Printen. Bischof Klaus Hemmerle präsentierte sie dem „Reisepapst“ mit einer launigen Ansprache, in der davon die Rede war, Printen seien einst das traditionelle Brot der Wallfahrer gewesen, die zu den Aachener „Heiltümern“ kamen, und der Heilige Vater bezeichne sich selbst auf seinen Reisen stets als Pilger.
Ob Johannes Paul II. die Printen versucht und aufgegessen hat, war natürlich nicht zu erfahren – die Geschichte mit dem Pilgerbrot aber ist gewiß nur zu einem Teil richtig, zu einem kleinen Teil.
Richtig, weil viele Aachen-Pilger die ebenso schmackhafte wie haltbare Spezialität ganz sicher kaufen und kosten, sie wohl auch gerne als Mitbringsel mit nach Hause nehmen. Weil aber die süßen Modelgebäcke schon im Mittelalter kunstreiche Meisterstücke und zum Essen eigentlich viel zu schön waren, dürften sie als „Brot“ wohl für die wenigsten Wallfahrer erschwinglich gewesen sein.
Die Anfänge der Printenbäckerei liegen im dunkeln, der Sage nach kamen die ersten dieser Gebildbrote aus Dinant im benachbarten Belgien.
Ein Bronzegießer aus Dinant, der an der Aufstellung des Kaiser-Karl-Brunnens mitwirkte, soll aus seiner Heimat das überaus schmackhafte Modelgebäck mitgebracht und seinen Aachener Handwerkskollegen

Hie kumm ich stoltzer May
Mit klugen plumen mangerlay
In disem monat man baden sol
Tantzen singen springen
und leben wol

Mai kühl und naß
füllt dem Bauer
Scheun und Faß

Maikäferjahr
ein gutes Jahr

zum Verkosten gegeben haben. In Belgien soll das Gebäck eine bis zum Jahr 1000 zurückreichende Tradition gehabt haben. Die Aachener Zuckerbäcker und Lebzelter dürften verständlicherweise versucht haben, das belgische Rezept nachzubacken und entsprechend den ihnen zur Verfügung stehenden Gewürzen abzuwandeln.

Ein Mijnheer van Rey muß es gewesen sein, der erstmals den würzigen Teig in fein geschnitzte Modeln drückte, also „printete". Napoleon, beziehungsweise seine über England verhängte Kontinentalsperre, sorgte für einen Einschnitt in der Printen-Geschichte. Als nämlich die Versorgung mit dem amerikanischen Wildhonig und den indischen Gewürzen unterbrochen war, mußten sich die Printenbäcker mit Rübensirup und weitgehend heimischen Gewürzen begnügen. Der Teig ließ sich nicht mehr „printen", die einfach geschnittene, weit weniger kostspielige Napoleon-Printe war geboren, die bis heute neben der zarteren Modelprinte gebacken wird.

Versteht sich von selbst, daß man zu Aachen bis heute nicht nur die köstlichen Printen und die ihnen so nahe verwandten Spekulatius kaufen und kosten kann, sondern daß die altehrwürdigen, meist filigranzart in Kirsch- oder Birnbaumholz geschnittenen Modeln längst in einem kleinen Museum zu bewundern sind. Kunstvoll bemalt sind die Printen Honiggebäck, Souvenir und Wandschmuck zugleich, aber durch ihre Bildinhalte auch Zeugen der Geschichte, „zum Fressen schön, zum Essen viel zu schade". Zu Hause in der vereinfachten Form gebacken und geschnitten, gelten sie auch heute noch als beliebtes Dauergebäck für den sommerlichen Picknick-Ausflug, für den Urlaub und für die Wallfahrt.

Zutaten:

- 375 g Honig oder Rübensirup,
- 375 g Zucker,
- 100 g Butter,
- 1 EL Zimt,
- ½ TL Nelken,
- ½ TL Ingwer,
- 1 Prise Kardamom,
- 1 Prise Muskat,
- 200 g gehackte Haselnüsse,
- 850 g Mehl,
- 10 g Pottasche,
- 1 Glas Kirschwasser oder Arrak,
- 200 g brauner Kandis, kleingebröckelt

Zubereitung:

Honig, Zucker und Butter miteinander kurz aufkochen, abkühlen lassen, sämtliche Gewürze, die Nüsse, die im Alkohol gelöste Pottasche, das Mehl und den klein gebrochenen Kandiszucker zugeben. Den Teig gut durchkneten, und mindestens einen, besser noch mehrere Tage kühl ruhen lassen. Messerrükkendünn ausrollen, etwa 3 x 9 cm große Printen abschneiden, auf gut gewachstem Blech bei 175 bis 180 Grad etwa 10 bis 12 Minuten bakken. Mit in etwas Milch gelöstem Sirup bestreichen und noch einmal kurz übertrocknen.

Frankfurter Brende
von Eduard Mörike

Mandeln, erstlich rat ich dir,
Nimm drei Pfunde, besser vier
(Im Verhältnis nach, Belieben).
Diese werden nun gestoßen,
Und mit ordinärem Rosenwasser Feinstens abgerieben.
Je auf's Pfund Mandeln akkurat
Drei Vierling Zucker ohne Gnad!
Denselben in den Mörsel bring,
Hierauf ihn durch ein Haarsieb schwing!
Von deinen irdenen Gefäßen
Sollst du dir dann ein Ding erlesen,
Was man sonst ein Kachel nennt,
Doch sei sie neu zu diesem End!
Drein füllen wir der ganzen Plunder
Und legen frische Kohlen unter.
Jetzt rühr und rühr ohn' Unterlaß,
Bis sich verdicken will die Mass',
Und rührst du eine Stunde voll!
Am eigentauchten Finger soll das Kleinste
Nicht mehr hängen bleiben.
So lange müssen wir es treiben
Nun aber bringe das Gebrodel
In eine Schüssel (der Poet, weil ihm der Reim
Vor allem geht,
Will schlechterdings hier einen Model,
Indes der Koch auf ersterer besteht)!
Darinne druck's zusammen gut,
Und hat es über Nacht geruht,
Sollst du's durchkneten Stück für Stück,
Auswellen messerrückendick.
(je weniger Mehl du streuest ein,
Um desto besser wird es sein.)
Alsdann in Formen sei's geprägt,
Wie man bei Weingebacknem pflegt;
Zuletzt — das wird der Sache frommen —
Den Bäcker scharf in Pflicht genommen,
Daß sie schön gelb vom Ofen kommen!

Regen im Mai bringt Wohlstand und Heu.

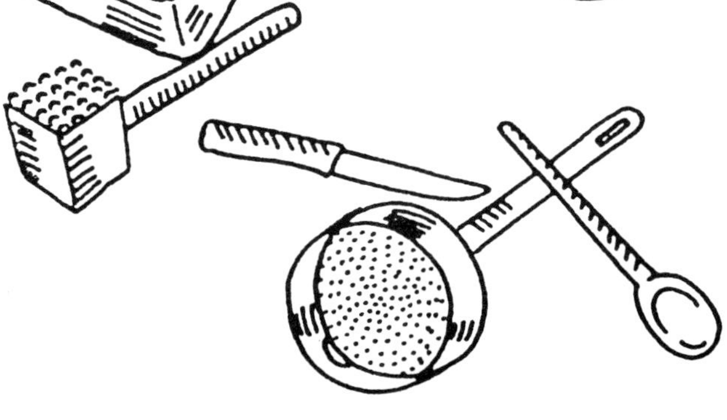

Juni

Rosenmonat: Mittsommer, Sonnenwende, das Jahr hat seinen Höhepunkt erreicht, alle Kraft ist in den Heilkräutern gesammelt.

Nicht nur der Glaube, daß die heilkräftigen Pflanzen vor dem Johannistag, vor der Sonnwend, gepflückt sein müssen, hat seine Wurzeln in den frühesten Tagen der Menschheit. Licht, Sonne, Feuer: davon war ja das Leben, das Wohlergehen abhängig. Was wunder, wenn man die Nacht, in der die Finsternis sich wieder anschickte, Macht zu gewinnen, in besonderer Weise feierte, wenn man in dieser Nacht die Feuer anzündete, sich tanzend und singend um sie versammelte, mit dem Minnetrank die Verstorbenen grüßte und einander „Schön und Stärk" wünschte.

Zarte Bande, unter dem Maibaum geknüpft, wurden nun gefestigt, wenn das Pärchen miteinander über die lodernden Scheiter sprang und sich dabei von allem Trennenden, von allem Bösen reinigte.

Mädchen dankten ihrem Burschen für den Maienstrauß, indem sie einen Feldblumenkranz vor sein Fenster hängten — waren Mohn und Kornblumen darin, so durfte er der Lieb und Treu gewiß sein, fand er aber eine Distel, so konnten ihm weder die verwunschenen Prinzessinnen, die in dieser Nacht erlöst wurden, noch die Feen oder die Tiere helfen, deren Sprache in dieser Nacht so verständlich war wie in der Weihnachtsnacht.

Festlicher Pfingstbraten

Eine Krone für den Lümmel

Pfingsten, das liebliche Fest – ein traditionsreiches Fest, dessen Bräuche nun sehr viel weniger als die österlichen dem religiösen Inhalt, als vielmehr den alten Frühlingsfesten verbunden sind, an erste Weidegänge und Almauftrieb erinnern. Ein Fest aber auch, an dem die jungen Männer mit Reiterspielen, Wett- und Pferderennen, Ring- und Kranzstechen ihre Geschicklichkeit probten, ein Fest, an dem bäuerliche Märkte zum Einkauf, zum Essen und Trinken verlockten.

Doch auch im häuslichen Umfeld wurde zu Pfingsten gut aufgekocht, nicht immer allein von der Hausfrau, vielerorts beispielsweise gehörte die am Pfingstsonntag gemolkene Milch den Mägden und jungen Mädchen, die daraus allerhand süße Suppen kochten, zu denen sie Knechte und Burschen einluden. Denen wiederum oblag es, schon am Samstag die Jungfern für den Pfingstmontag zum Tanz einzuladen und zu bewirten.

Als „Pfingstlümmel" bezeichnete man vom Erzgebirge bis nach Bayern den Hütebuben, der zuletzt auf dem Dorfplatz eintraf, um das Vieh traditionsgemäß erstmals auf die Weide zu führen. Auch heute noch und in der Großstadt darf sich der faulste Langschläfer mit diesem Titel schmücken. Weniger klar ist die Herkunft der Bezeichnung Pfingstochse. Zum einen wird da eine Erinnerung an den Almauftrieb lebendig, bei dem die Rinder von einem festlich aufgeputzten Ochsen angeführt wurden, zum anderen sollen Metzger zu jenen Zeiten, als es noch keine anderen Werbemethoden gab, vor dem Fest einen möglichst bunt herausgeputzten Ochsen durch die Straßen geführt haben, um die Kunden auf ihr Angebot aufmerksam zu machen. Lange Zeit hindurch war der Begriff „Pfingstochs" für einen allzusehr

Stellt der Juni mild sich ein,
wird mild auch der Dezember sein.

Komm, Komm,
Komm, Heiliger Geist,
Mit deinen sieben Gaben all,
Bewahr uns vor dem Sündenfall.

Menschen und Juniwind ändern sich geschwind.

herausgeputzten, schmuckbehangenen „Modeaffen“ alles andere als ein Kompliment. Ob es heutzutage nicht allüberall viele Pfingstochsen gibt?

Nicht gerade ein Ochse, aber ein saftiges Stück Braten mußte es schon sein, was zu Pfingsten serviert wurde und überall, wo die Zahl der Tischgenossen ein entsprechend viel Fleisch rechtfertigte, wurde es — ob Jungschwein, Kalb oder Rind — zur Krone gebunden. Mancherorts gebührt demjenigen, der bei einem der Renn- oder Wettspiele Sieger, also „König“ wurde, die Ehre, diese Krone anzuschneiden.

Horei, Horei!
Meine Küh' sind alle 'nei;
's fehlt mir nur die rote Scheck,
hat die sich gar im Holz versteckt?
's fehlt mir noch der Ziegenbock,
wo ist er denn nur hingehoppt?
'runter in das Niderland,
wo er was zu fressen fand?
Wo die reichen Bauern sitzen
mit den großen Zipfelmützen,
die das Geld mit Scheffel messen
und den Quark mit Löffeln essen.
Horei! Horei! Meine Tierlein herbei!

Zutaten Pfingstbraten:

- pro Person rechnet man etwa 250 g Fleisch,
- etwa vom Rippenstück eines Jungschweines,
- vom Halsgrat eines Kalbes,
- oder — fällt Pfingsten schon in den Juni — darf's auch ein der Länge nach halbierter Rehrücken (in der Mitte des Rückgrates gesägt) sein,
- aber auch mit einem gleichmäßig länglich geschnittenen Stück Rinderschlegel läßt sich zur Krone binden

Zubereitung Pfingstbraten:

Das Schweinefleisch wird gesalzen, gepfeffert, mit einer Knoblauchzehe abgerieben, das Kalbfleisch gesalzen, gepfeffert und mit frischen, in Öl marinierten Kräutern bepinselt, das Reh über Nacht in einer kräftigen Wildbeize eingelegt, der Rinderbraten gesalzen, gepfeffert und säuberlich gespickt. Bei Schwein und Reh werden die Enden der Rippenknochen freigelegt und das Fleisch zurückgeschoben, der Kalbshalsgrat und der Rinderbraten werden so eingeschnitten, daß Paprikaspeck und säuerliche Apfelscheiben dazwischenpassen. Dann werden die Fleischenden ringförmig zusammengebogen und mit einer kräftigen Schnur zusammengebunden.

Die Bratzeit ist, nach Größe des Stücks und Art des Fleisches, entsprechend unterschiedlich.

Zum Servieren werden die kronenartig nach außen gebogenen Knochenenden mit Geflügelmanschetten verziert, um die Bratenkrone dekoriert man zartes, junges Gemüse in farblicher Abstimmung.

Creme Bavaroise

Das Geschenk einer bayerischen Prinzessin an die Welt

Das Geschenk einer bayerischen Prinzessin an die feine Welt

Schweinsbraten und Schmalznudeln sind Gerichte, für die die Bayern weithin berühmt sind, zumindest in den Augen der alljährlich zu Tausenden ins Land kommenden Feriengäste. Wahrlich weltweit berühmt und auf der Speisenkarte aller Nobelrestaurants zu finden ist dagegen eine ganz andere, sehr viel feinere Spezialität, die zu Hause unter dem schlichten Namen „Rahmsulz“ gerne bei festlichen Gelegenheiten serviert wird, am Firmungstag oder zur Konfirmation beispielsweise, bei einer Erstkommunion, einer Silberhochzeit, zur Primizfeier eines Jungpriesters oder einfach, wenn man ganz besonders „g'schleckerte“, als naschhaft verwöhnte Gäste zu bewirten hat.

Das Rezept soll angeblich von Isabeau de Bavière erfunden worden sein, einer Tochter des Bayernherzogs Stephan, den man seiner Prunkliebe und seines flotten Lebens wegen „Kneißl“ nannte. Isabeau die Schöne heiratete König Karl VI. von Frankreich und machte sich nicht zuletzt durch die überaus lebendigen Briefe, die sie über die Zustände am französischen Hof schrieb, einen Namen.

Ob sie das köstliche Rezept, das eigentlich den Namen „Creme à la Isabeau“ tragen müßte, erst in der Küche ihrer Hofhaltung selbst erfand, ob sie es aus der Heimat mitbrachte – wer will es heute noch so genau wissen.

Brachmonat bin ichs genandt
Haw und karß nym ich in die handt
in disem monat sol man nit lon
Darzu sol nyemant mussig gon

Zubereitung:

Die Aprikosen werden im Mixer zu Mus zerkleinert oder durch ein Haarsieb gestrichen, mit dem Zukker, der aufgelösten Gelatine und dem Brandy sehr gut verrührt. Wenn die kühl gestellte Masse fest zu werden beginnt, zieht man die steifgeschlagene Sahne darunter. In einer mit Öl ausgestrichenen Schale kommt die „Rahmsulz“ in den Kühlschrank. Vor dem Auftragen wird sie gestürzt, mit Sahne und einigen frischen Fruchtstückchen garniert. Man kann sie aber auch gleich in Portionsschalen steif werden lassen. Varianten zur Creme Bavaroise werden in der gleichen Weise aus Pfirsichen, Erdbeeren, Himbeeren, Bananen oder Ananas bereitet.

Juni feucht und warm,
macht den Bauer nicht arm,
Juni trocken mehr als naß,
füllt mit gutem Wein das Faß.

Zutaten:

- 250 g reife, entsteinte Aprikosen,
- 250 g Zucker,
- 7–8 Blatt Gelatine,
- 1 Glas Cognac oder Apricot-Brandy,
- ½ l süße Sahne

Soll gedeihen Korn und Wein, muß im Juni warm es sein.

Juni viel Donner, verkündet trüben Sommer.

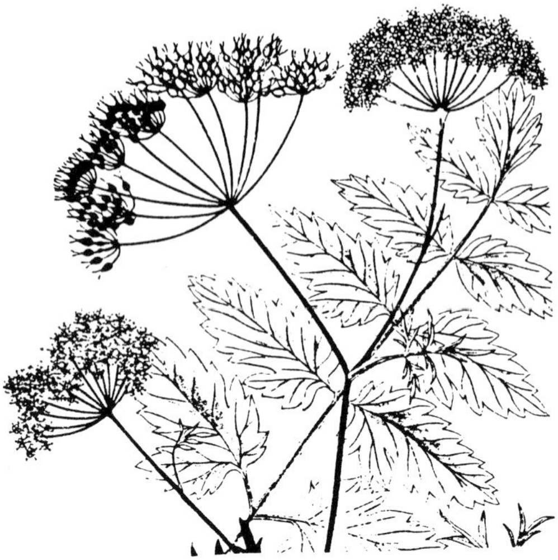

Den meisten von uns erscheint Frau Holle zunächst nur als Märchengestalt, die mit dem Ausschütteln ihres Wolkenbettes für fröhliches Schneetreiben sorgt. Frau Holle aber gehört zu jenen Sagengestalten, die in den verschiedensten Kulturkreisen auf recht unterschiedliche Weise beschrieben werden, fast 2000 Mythen und Märchen erzählen, so hat der Forscher Max Geißler bewiesen, von ihr und ihrem Wirken.

Die einen sehen sie als ein Wesen aus der Unterwelt, das mit Wotans Wilder Jagd durch die Winternächte tobt, die anderen als Sonnen- und Wolkenwasserfrau, die die Strahlen der Sonne kämmt und fruchtbarkeitsspendenden Regen schickt. Ihr althochdeutscher Name „Hulda", die Holde, die Gnädige, die Gütige, zeichnet sie freilich als ein himmlisches, erdumspannende Gnadenspenderin, und so beschreibt sie auch Jacob Grimm in seiner „Deutschen Mythologie".

Während die Geschichte vom Kämmen der Sonnenstrahlen und vom winterlichen Schneegestöber immerhin noch jedem märchenlesenden Schulkind vertraut sind, weiß heute kaum noch einer von uns Erwachsenen, daß Frau Holle auch dem Holunder zugeeignet war, den unsere Vorfahren als eine der heilkräftigsten Pflanzen, als „Herrgottsapotheke" zu schätzen wußten. Blüten wie Früchte schenkt der Holunderstrauch, der ja leider bald auch vom letzten Bauernhof verdrängt sein wird, zur Fieberbekämpfung, als Mittel gegen langwierige Erkältungen und zur Blutreinigung, aber auch zum kulinarischen Genuß.

Sind es im Herbst die blauschwarzen Beeren, die mit Birnen, Zwetschgen und Zimt zu einem köstlichen Kompott geköchelt oder zu saftigen Fruchtpfannkuchen gebacken werden, so serviert schon der frühe Sommer Schmankerl, das in allen alpenländischen Regionen und im Bereich der einstigen Donaumonarchie sich seit Jahrhunderten der gleichen Beliebtheit erfreuen: Ho-

lundersekt und Hollerkücherl. Zur Zeit der Heuernte sind sie eine beliebte Brotzeit-Speise, die eine kluge Bäuerin den Knechten und Mägden nicht allzu sparsam servieren sollte, wenn sie Wert auf flottes Arbeiten und gute Laune legt.
Weil zum einen der junge Sommer in den jungen Leuten bekanntlich die Lust zur Liebe und zur Zweisamkeit weckt, weil sich zum anderen der blühende Holunderstrauch in

ein zärtlich-bräutliches Weiß hüllt, wenn die Blüten aufbrechen, darf natürlich ein wenig Liebeszauber nicht fehlen. Vor allem der Fruchtbarkeit sollen die Hollerkücherl dienen, schließlich war das in einer Zeit, da man noch wußte, daß Kindersegen wirklich Segen für die Familie bedeutet, ein Anliegen, für das Frau Holle, die Gnädige, die Huldvolle, durchaus zuständig war.

Den Brautleuten einen Holunderbaum zu setzen, war mancherorts ein jahrhundertealter Brauch. Und dabei war nicht ein Ableger jener wildwuchernden Stauden gemeint, die einst um jeden Schuppen, an jedem Gartenzaun von selber wuchsen. Gemeint war ein großer, in Töpfen oder Eimern befestigter Ast, den man mit gebackenen, mit reichlich Puderzucker dann wieder in bräutliches Weiß verwandelte Blüten behängte. In Hessen soll dies vor allem bei Zigeunerhochzeiten nachgewiesen sein — aber nicht nur dort. Im Münchner Nobelvorort Solln, einer einst blühenden Gemeinde, in der neben reichen Bauern und prominenten Künstlern vor allem dem Hof nahestehende, gut betuchte Bürger lebten, hat um die Jahrhundertwende ein wohlsituierter Privatier ein besonders aufwendiges Ver-

Hat Margaret (10.) nicht Sonnenschein, bringt man das Heu nicht trocken ein.

Kurasch backt Küachln aber es g'hört aa a Schmalz dazu.

fahren angewandt, um die Hochzeit seiner Ältesten zu umrahmen. Er besorgte eine entsprechend große Anzahl eiserner Pfannen, einen Zentner Butterschmalz und offene Feuerkessel. Seine Freunde und vermutlich auch deren Ehefrauen mußten dann, während das Brautpaar in der Dorfkirche den Bund fürs Leben schloß, die Blüten des vor dem Hauseingang stehenden Holunderbusches fachgerecht ausbacken, ohne sie vorher abzubrechen. Von dieser Riesengaudi haben sich die Sollner noch lange erzählt, auch wenn Frau Holle dem jungen Paar zwar eine lange und glückliche Ehe, aber keinen Kindersegen bescherte.

Zutaten:

- 125 g Mehl,
- $\frac{1}{4}$ l Milch,
- 3 Eier,
- 30 g geschmolzene Butter,
- Salz,
- 12 große Holunderblüten,
- Backfett,
- Puderzucker

Veilchen, Rosen, Blümelein,
wir singen um die Küchelein.
Die Küchelein sind gebacken,
wir hör'n die Pfanne krachen.
Küchlein raus, Küchlein raus!
Glück und Heil in euer Haus!

Zubereitung:

Man schlägt einen dicklichen Pfannkuchenteig, in den man einzeln die gut ausgeschüttelten, aber ungewaschenen Blütendolden so eintaucht, daß sie ganz vom Teig umhüllt sind. Sie werden dann rasch in das heiße Fett gegeben — wobei sie sich wieder zu ganzer Größe entfalten sollen — und goldbraun knusprig gebacken. Reichlich mit Puderzucker bestreuen und sofort servieren.

Hollersekt

Ein „hupfertes" Wasser mit Blütenduft

Wer seine Kinderzeit (vor dem Zweiten Weltkrieg oder kurz danach) noch nicht vergessen hat, der spürt wahrscheinlich noch das Bitzeln, das Prickeln auf der Zunge, wenn er an ein „Kracherl" oder an eine „Brause" denkt. Nicht bloß an die giftgrüne, knallgelbe oder leuchtendrote Flüssigkeit in der Flasche, die auf„brauste", wenn man den gummibestückten Porzellanverschluß „krachend" aufschnappen ließ, sondern viel mehr noch jenes Zungenbitzeln, das man empfand, wenn man das Brausepulver im Zellophanbriefchen gar nicht erst ins Wasser schüttete, sondern gleich aus der hohlen Hand schleckte.
Was den Kindern das Kracherl, das war den Erwachsenen meist der vielgeliebte, erfrischende, aromatische (aber auch nicht ganz ungefährliche) Hollersekt, den man in fröhlicher Sommerrunde meist so reichlich gegen den Durst trank, daß sich die wenigen Promille durchaus zu einem sanften „Säusler" addieren ließen.
Der Hollersekt, das „hupferte Wasser", eine preiswerte Köstlichkeit aus Großmutters vielfältiger Getränkeküche, hatte nur einen Nachteil: sein Temperament. Waren nämlich die Flaschen, in denen dieses Sommersäftchen seine Reife gewinnen sollte, nur ein wenig zu dünnwandig, so zerplatzten sie serienweise im Keller, und die Schreckschüsse, die dann durchs Haus hallten, dürften manchen Alptraum verursacht haben.

Zubereitung:
Die ungespritzten Zitronen werden in feine Scheiben geschnitten, die Holunderblüten sorgfältig ausgeschüttelt, aber nicht gewaschen, und von den Stielen befreit. Man gibt das Wasser, Zucker und den Essig in ein entsprechend großes Gefäß und rührt so lange um, bis sich der Zukker gelöst hat. Dann legt man die Zitronenscheiben und die Holunderblüten hinein und läßt alles über Nacht stehen. Am nächsten Tag wird der Hollersekt abgeseiht, am besten durch ein Tuch, und in dickwandige Flaschen gegossen. Die Verschlüsse müssen gut gesichert werden; am besten nimmt man Sektflaschen mit Naturkorken, die man zubinden kann, oder Patentverschlüsse. Der Hollersekt, der sehr viel Kohlensäure entwickelt, wird kühl und stehend aufbewahrt und sehr kalt serviert.

A Rausch is besser als a Fieber.

Zutaten:
- 10 frische Holunderdolden,
- 10 Zitronen,
- 10 l Wasser,
- $1\frac{1}{2}$ kg Zucker,
- $\frac{3}{8}$ l Essig

Vor Johanni bitt um Regen, nachher kommt er ungelegen.

Johannesfeuer, guck, guck!
Stärk' meine Augen
stärk' meine Augenlider,
daß ich dich aufs Jahr seh' wieder!

Den 24. Juni, den Johannistag, sollte jeder Freund der guten Küche in seinem Kalender mit einem Trauerrand kennzeichnen — denn Johanni ist der letzte Tag, an dem altem Herkommen gemäß, Spargel gestochen werden darf. Traditionsbewußte Spargelbauern halten sich daran selbst in Jahren, in denen späte Erwärmung des Bodens zu später Ernte führt. Und keines der modernen Konservierungsmittel kann — welcher ehrliche Feinschmecker möchte widersprechen — die Spargelfreuden wirklich verlängern. Ob schockgefroren oder eingedost: Nur frischgestochener Spargel schenkt jenes unnachahmliche Gaumenvergnügen, das schon die alten Pharaonen schätzten, wenn sie nicht nur den Göttern — denen bekanntlich schon immer das Beste vom Guten zustand — frischen Spargel servierten.

Wenn die Johanniwürmer glänzen, darfst du richten deine Sensen

Der Spargel gehört zu jenen Delikatessen, um den Küchenkünstler geradezu weltanschauliche Auseinandersetzungen führen. Die zarten, dünnen, grünen Stengelchen etwa, die den Italienern um die Osterzeit alljährlich köstlich-herbe Gaumenfreuden garantieren, gelten hierzulande beinahe als ungenießbar. Wer sie nicht mag, befindet sich übrigens in bester Tischgesellschaft des hochrenommierten deutschen Feinschmeckers Baron von Vaerst, der — aus dem sonnigen Süden mißmutig ins verregnete Deutschland zurückkehrend — vor rund 150 Jahren über ein Mittagessen in Innsbrucks „Goldener Sonne" notierte: „Spargel, dick und lang gestreckt wie die

Zedern des Libanon, auf der Zunge zerfließend wie Butter, kurz, Spargel, wie man ihn in Italien nie findet... ich war mit meinem Vaterlande vollkommen ausgesöhnt."

Griechen, Spanier, Franzosen, neuerdings auch die Israeli, bauen und bieten sehr früh im Jahr Spargel. Was die Freude der Feinschmecker nicht mindert, wenn endlich auch die Ernte aus heimatlichem Boden auf die Märkte kommt, die mindestens fingerdicken Stangen, deren zartes Köpfchen kein grüner, kein violetter Schimmer verunzieren darf. Die Frage, ob fränkischer oder schwäbischer, Braunschweiger oder Schrobenhauser, wird unter Liebhabern Jahr für Jahr diskutiert, und versuche nur ja keiner, den Parteienstreit über leicht bitteren Nachgeschmack oder Nußaroma schlichten zu wollen! Das wäre etwa so, als wolle man unter den Anhängern der

verschiedenen Zubereitungsarten vermitteln:

Spargel mit Sauce Béchamel, Spargel mit Sauce Hollandaise, Spargel mit Vinaigrette oder nur mit zerlassener Butter, wie es schon der römische Schriftsteller Apicius beschrieb...

Ereifern wir uns nicht zu sehr über die „einzig richtige Art, Spargel zu genießen", kosten wir lieber die Vielfalt der Möglichkeiten, auf daß wir nicht das traurige Schicksal des französischen Feinschmeckers Fontenelle teilen müssen. Zusammen mit seinem Freund Du Bois soll er, der zu den Anhängern der Vinaigrette gehörte, auf das erste Spargelgericht des Jahres gewartet haben, als ihn der Schlag traf. Und während sich die Diener des Hauses noch um den Patienten mühten, stürmte Du Bois in die Küche, um die Köche anzuweisen: „Serviert sie alle in Butter, alle in Butter..."

Natürlich gehört Spargel zu jenen Delikatessen, die nicht bloß im Schatten der Pyramiden königliche Tafeln zieren. Er fehlte, im Januar 1879, weder zu Petersburg auf der Hochzeitstafel des russischen Zaren und der Mecklenburger Großherzogin Anastasia, noch am 1. April 1895 beim Festmahl zum 80. Geburtstag „Sr. Durchlaucht des Fürsten von Bismarck, Herzog zu Lauenburg". So stand beispielsweise „sal. d'asperges", Spargelsalat, als Beilage zur Poularde auch im Souperplan am 13. Juni 1886 für Ludwig II. auf Schloß Berg. Der Märchenkönig konnte das Souper nicht mehr kosten, er war an diesem Abend zusammen mit seinem Leibarzt, Bernhard Gudden, im Starnberger See ertrunken. Spargel aber fehlte, diesmal mit Hollandaise serviert, genau eine Woche später auch nicht beim Trauermahl, das nach Ludwigs II. Beisetzung in der Münchner Residenz serviert wurde.

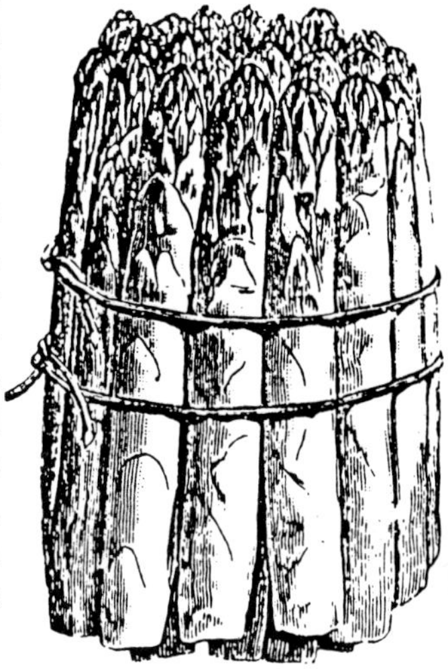

Regnet's auf Johannistag, ist's der Haselnüsse Plag.

Wenn der Kuckuck nach Johanni schreit, ruft er Mißwachs und teure Zeit.

Vor Johannestag keine Gerste man loben mag.

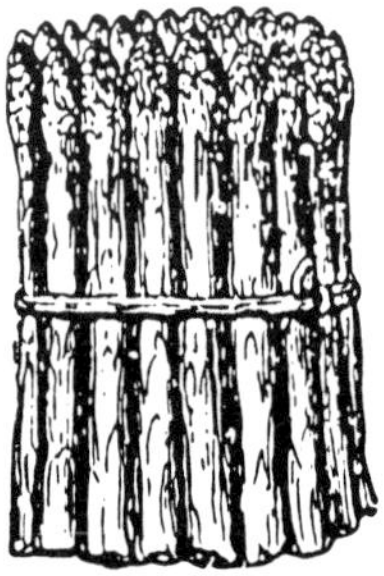

Übern Kopf, untern Kopf,
Tua i mei Hüatl schwinga,
Deandl, wannst mi gern willst ham,
Tuast mit mir durchs Feuer springa!

Zutaten:

pro Person (als Hauptgericht) 400 g Spargel,
Salzwasser
nach Geschmack:
Butter,
Semmelbrösel,
Bechamelsoße,
Schinkenscheiben,
neue Kartoffel

Zubereitung:

Den Spargel vom Köpfchen zum Stielende sorgfältig und nicht zu sparsam schälen. Salzwasser zum Kochen bringen, am besten in einem schmalen hohen Topf, den Spargel portionsweise bündeln und, wenn möglich stehend, in etwa 25 Minuten garen.

Auf einer vorgewärmten Platte anrichten, entweder mit heißer Butter, mit Butter und angerösteten Semmelbröseln, mit Béchamel- oder Buttersoße oder Vinaigrette servieren. Man kann Schinkenscheiben und neue Kartoffel dazu reichen.

Etwaige Reste geben einen vorzüglichen Spargelsalat, den man nur mit Essig und Öl, Salz und Pfeffer anmachen und mit kleingehacktem, harten Ei garnieren kann. In Franken gibt man gerne auch feinstgehackte Zwiebel in die Salatsoße.

Wiebele zum Minnetrunk

Johannes der Täufer

Wenn die alten Germanen ihr Methorn zum Minnetrunk hoben, so wollten sie damit nichts anderes, als ihre Toten zu ehren und deren Gedenken wach zu halten. In frühchristlicher Zeit trank man die Minne dann vorzüglich drei Heiligen zur Ehre: St. Gertrudis, die sozusagen die Nachfolge der heidnischen Totengöttin angetreten hatte, St. Walpurgis, an deren Festtag die Hexen zum Blocksberg ritten, und St. Johannis schließlich, des Evangelisten, der mit dem Segenszeichen das Gift in seinem Becher unschädlich gemacht hatte.

Je mehr das Wort Minne seinen Sinn wandelte und zum Ausdruck für die körperliche Liebe wurde, um so mehr änderte sich auch der Sinn des Minnetrinkens, das man schließlich „Schön-und-Stärk"-Trinken nannte.

Im Johanniswein, im Maitrunk, ist der Brauch noch heute erhalten, und der Johanniswein wird gleich zweimal im Jahr kredenzt, am Fest Johannes des Evangelisten, dem 27. Dezember, aber auch am Fest seines Namens-Bruders, Johannes des Täufers, dem 24. Juni. Historisch vielleicht ein wenig anfechtbar, ist diese Verschiebung des Brauchtums, besser gesagt seine Verdoppelung ganz verständlich. Am sommerlichen Johannisfest, an dem die schöne Jahreszeit ihren Höhepunkt erreicht hat und man mit nächtlichen Feuern die Sonnenwende feiert, ist „Schön und Stärk"

Wie soll das Juniwetter sein?
Schön warm
mit Regen und Sonnenschein.

doch mindestens so gefragt wie im Winter. Schließlich springt man ja nicht alleine über das Feuer, sondern hält die Herzallerliebste an der Hand und macht oder erneuert so einen noch heimlichen Heiratsantrag.
Wie wichtig der Minnetrunk einst vor allem für die Neuvermählten war, dafür bieten unsere Museen mit den kostbaren Gefäßen alter Goldschmiedekunst eindrucksvolle Zeugnisse, der Saphirbecher etwa, mit dem anno 591 die bayerische Herzogstochter Theodolinde ihrem Bräutigam, dem Langobardenfürsten Agilulf, den Minnetrunk entbot, ist im Dom zu Monza, im berühmten Theodolindenschatz, erhalten. Als weltbekanntes Kunstwerk gilt ein anderer Minne-Becher, der Tassilo-Kelch, der zur Vermählung Tassilos mit der langobardischen Königstochter Luitpurga um 770 angefertigt wurde und später dem Kloster Kremsmünster als Gefäß für den Meßwein gestiftet wurde. Menschenminne — Gottesminne...
Weil aber auch der beste Trunk, den man in geselliger Runde genießt, nach ein wenig Knabberwerk verlangt, buk man zum Johannistag früher — ehe die Kartoffelchip-Unkultur über uns hereinbrach — die köstlichen Wiebele.

Nordwind, der im Juni weht,
nicht im besten Rufe steht,
kommt er an mit kühlem Gruß,
bald Gewitter folgen muß.

Zutaten:

5 Eiweiß,
250 g Zucker,
200 g Mehl,
Vanillezucker,
Haselnußblättchen,
Mandelsplitter,
Anis oder Mohn

Zubereitung:
In den sehr steif geschlagenen Eischnee läßt man langsam Zucker und Vanillezucker einrieseln, zuletzt das gesiebte Mehl. Die Nußstückchen oder die Gewürze werden auf das bemehlte Backblech verteilt, aus dem lockeren Teig werden mit einem Kaffeelöffel oder der Kuchenspritze kleine Häufchen, sogenannte Wiebele, darauf gesetzt, die über Nacht trocknen müssen. Sie werden bei sehr schwacher Hitze gebacken, wie alle anderen Schaumgebäcke, und — noch warm — ein wenig gebogen. Besonders verlokkend ist es, wenn man verschiedene Wiebele-Partien unterschiedlich aromatisiert mit den genannten Zutaten, mandelsüß und anisherb, nußzart und mohnig-herzhaft.

Forelle, Hecht und Mainfischle

Beim Fischerstechen kann's auch dem Zecher naß eingehen

Auf Erntefreuden und Ernteglück hoffte im hohen Sommer nicht nur der Bauer. Wer seine Erwerbsquelle in den nassen Regionen der Seen und Bäche hatte, durfte Netze, Reusen und Angelruten auch in der heißen Jahreszeit nicht ruhen lassen. Das Gebot, in den „Monaten ohne r" — also im Mai, Juni, Juli und August — keinen Fisch zu essen, galt ja nur dort, wo weite Transportwege der schnellverderblichen Fracht geschadet hätten.

Gleichzeitig galt es, die Fischwasser, die Stadtbäche vor allem, zu säubern und abzufischen, das heißt, von überlasteten Tieren zu befreien. Und dafür gab es, nachweisbar bis ins 16. Jahrhundert, mancherlei Privilegien, die den Fischfang auch jenen Untertanen erlaubten, die sonst kein Recht auf die Schuppentierchen hatten.

Fischer und Schiffer, altehrwürdige Zünfte, feierten nicht weniger gern ihre Feste als Bauern und Bürger. Die Mitglieder der Hofgesellschaften wußten sommerliches Vergnügen am Wasser zu finden — mancher Schloßkanal wurde angelegt, nicht nur aus landschaftsgestalterischen Gesichtspunkten, zur Erinnerung an den Schutz der alten Wasserburgen oder als innerstädtische Verbindung — sondern schlicht als „Vergnügungspark". Legendär geworden sind nicht nur etwa die sommerlichen Bootsfahrten, bei denen der bayerische Märchenkönig Ludwig II. seine angebetete Cousine Sissy auf der Roseninsel im Starnberger See besuchte, sondern auch das Prunkschiff der Wittelsbacher, der Buzentaur. Nicht für sich alleine feierten die Hofgesellschaften, als Zuschauer genossen sie auch die Geschicklichkeits- und Wettspiele der Schiffer und Fischer, das Königsfischen, das Schifferstechen, zu dem meist Pokale und Ehrenteller von den hohen Herrschaften gestiftet und von den Fischerbräuten den Fischerkönigen überreicht wurden.

Juli und August waren die Hoch-Zeiten dieser Feste, meist beginnend am Peter-und-Pauls-Tag, endend an St. Bartholomäus. Denn Petrus und Bartholomäus, die beiden Apostel Jesu, wurden ja als Menschenfischer bezeichnet und standen somit zum Handwerk der Fischer in einer traditionell engen Beziehung.

Regnet es an Peter Paul, wird des Winzers Ernte faul.

Von der Salzach bis zur Oder, vom Bodensee bis zum Ratzeburger See, an Regnitz und Main, Elbe und Donau gab es Schifferstechen und Wettfischen. Längst sind diese alten Zunfttraditionen wieder in Mode gekommen, sind zu Volksfesten und Touristenattraktionen umfunktioniert und werden naturgemäß mit Jahrmarkttreiben und Gaumenfreuden umrahmt.

Neumond und Vollmond im Juni bringen standwetter

Und was läge dafür näher, als die Ausbeute des Wettfischens gleich in der Pfanne brutzelnd zuzubereiten? Hechte und Schleien, Forellen und Waller, selbst die kleinsten Weißfischlein kamen so noch einmal zu einer letzten Ehre. Und weil Fisch bekanntlich „schwimmen“ muß, stieg die Stimmung der Zecher entsprechend schnell. Mancher, der beim Schifferstechen an Land geblieben und so nicht in Gefahr gekommen war, mit raschem Stoß von seinem Gegner ins Wasser gestoßen zu werden, mag auf dem Heimweg da noch eine unfreiwillige „Taufe“ erfahren haben. Was schadet's, das Wasser war ja nun warm genug…

Sommergesang

Geh aus, mein Herz, und suche Freud
In dieser lieben Sommerzeit
an deines Gottes Gaben;
Schau an der schönen Gärten Zier
Und siehe, wie sie dir und mir
Sich ausgeschmücket haben.

Die Bäume stehen voller Laub, Das
Erdreich decket seinen Staub
Mit einem grünen Kleide;
Narzissus und die Tulipan,
Die ziehen sich viel schöner an,
Als Salomonis Seide.

Ich selber kann und mag nicht ruhn,
Des großen Gottes großes Tun
Erweckt mir alle Sinnen;
Ich singe mit, wenn alles singt,
Und lasse, was dem Höchsten klingt,
Aus meinem Herzen rinnen.

Paul Gerhardt

Zubereitung
Konstanzer Seefisch mit Käse:
Die Seeforellen werden am Rücken der Gräten entlang aufgeschnitten und filettiert, gesalzen, mit dem Zitronensaft beträufelt und mindestens eine Stunde liegengelassen. Dann durch das verquirlte Ei ziehen und mit den Semmelbröseln panieren. Die Filets werden in eine gut gebutterte Auflaufform gelegt, mit dem Reibkäse, Butterflocken, hauchdünn geschnittenen Zwiebelscheiben und den Tomatenstückchen bedeckt und im Ofen überbakken. Vor dem Servieren garniert man mit ausgebackenen Petersiliensträußchen. Die Remouladensoße wird getrennt dazu gereicht.

Zubereitung
Hecht mit Sardelle:
Der Fisch wird gewaschen, getrocknet, gesäuert, mit Salz und Pfeffer eingerieben und ca. 15 bis 18 Minuten in der Butter vorsichtig gegart. Die Fische werden mit den Petersiliensträußchen auf einer Platte angerichtet. Die feingehackten Sardellenfilets im Bratfett kurz durchgaren und mit zwei Eßlöffeln Bouillon aufgießen. Diese Soße wird über die Fische verteilt, dazu serviert man junge Kartoffeln.

Zubereitung Mainfischle:
1 Kilo Butterfett zum Ausbacken.
Die winzigen Mainfischchen werden, sofern man sie nicht bratfertig kauft, nur an der Bauchseite so weit aufgeschlitzt, daß man sie ausnehmen kann. Nach dem Waschen salzen und pfeffern. Nur in Mehl gewendet, werden sie schwimmend in heißem Fett ca. 10 Minuten ausgebacken und mit saftigem Kartoffelsalat serviert.

Wenn kalt und naß der Juni war,
verdirbt er meist das ganze Jahr.

Zutaten Konstanzer Seefisch mit Käse:
- 2 Seeforellen,
- 2 Eier,
- 2 Tassen Semmelbrösel,
- 50 g Butter,
- $1\frac{1}{2}$ Tassen geriebenen Käse,
- 2 kleine Zwiebeln,
- 1 Tomate,
- Salz,
- Pfeffer,
- Petersilie,
- Remouladensoße

Zutaten Hecht mit Sardellen:
- 4 gut fingerdicke Scheiben Hecht,
- Salz,
- Pfeffer,
- Zitronensaft,
- 60 g Butter,
- Petersilie,
- 3 Sardellenfilets,
- Bouillon

Zutaten Mainfischle:
- 1 kg Mainfischle,
- Salz,
- Pfeffer,
- Mehl

Juli

Der Sommer steht in höchster „Pracht, vom Baum der goldne Apfel lacht“. Zwischen Heumahd und Getreideernte war den Bauern nun eine kleine Pause gegönnt, der Winzer hatte den größten Teil der Rebenpflege geschafft und mußte auf die Lese warten, auf den Almweiden findet das Vieh knietiefe Kräuter, in Flüssen und Seen ist die schuppige „Ernte“ reif. Raum ist also für den paar bäuerliche Feste zu Ehren der Monatsheiligen Kilian, Petrus und Jakobus beispielsweise. Das Kräftemessen ist unter den Buschen angesagt, der Wettbewerb um das größere Stehvermögen — nicht nur auf schwankendem Kahn, sondern auch an jenen langen Tischen, da zu einem handfesten Schmaus ein edler Tropfen serviert wird. Marktstände sind aufgebaut, an denen der Hausrat ergänzt wird ehe man zur Einkochzeit Töpfe und Schüsseln füllt, an denen man der Liebsten ein sichtbares Zeichen der Zuneigung besorgt, an denen aber auch manche Näscherei feilgeboten wird, die, als man noch ein bißerl sparsamer zu leben verstand, Seltenheitswert hatte.

Voller Wetterregeln sind die Julitage und immer sind es langfristige Regenvoraussagen, denen einst der Bauer, heute der Urlauber bang entgegenforscht: jeweils 40 Tage soll es regnen, wenn an Mariae Heimsuchung, am Heinrichstag oder am Sieben-Brüder-Tag der Himmel weint, zwei Wochen himmlisches Naß prophezeit ein verregneter Margaretentag. Ob es immer stimmt — wer weiß?

Sommerliche Sülzen

„Da wir diesen Leuten große Ehre antun wollen – ohne allzu große Anstrengung –, mache morgen eine ganz große Schüssel Schweinssülze. Ich werde einen Mann beauftragen, daß er sie auf dem Kopf trägt. Wenn sie gut gemacht ist und richtig fest, dann kann man sie transportieren, denn es ist nicht heiß."
Aus dem Brief eines des bedeutendsten Kaufleute der Renaissance, des Italieners Francesco di Marco Datini, an seine Frau stammt dieses Zitat, als er sie anwies, die Gattin und die Töchter Guido del Palagios, die erstmals zu Gast waren, entsprechend würdig zu bewirten.
Ein entsprechendes literarisches Zeugnis ist zwar im deutschsprachigen Raum nicht zu finden, „sultz"-Rezepte aber gibt es bereits im Mittelhochdeutschen in reicher Fülle. Und Schweinssülze, Kalbssülze, Wildsülze gehören in praktisch allen deutschen Küchenregionen zur Alltagsküche, mögen sie nun Sülzkotelett, Bratensülze oder Knöcherlsulz heißen.

Sommer

Atme, Seele, erhöhter,
weil du den Sommer lobst.
Dunkler, goldner und röter
schwellen dir Reben und Obst.

Goldene Schatten schweben.
Sind sie nicht mehr verbannt?
Träuft dir von selber das Leben
in die lässige Hand?

Oft hat sie fruchtlos gegriffen.
Nun auf einmal geschah's.
Sieh, es leuchten geschliffen
Birnen wie Goldtopas.

Und wie weit du auch gingest,
wölbt sich das funkelnde Haus.
Singe, Selle, du singest
nie das Irdische aus.

Werner Bergengruen

Im Juni muß die Hitze braten,
was im Herbste soll geraten.

Einer Reb und einer Geiß
Ist's im Juli nie zu heiß

Kein Wunder — von der Schmackhaftigkeit einmal ganz abgesehen, hatte das Sülzen zum einen den Vorteil, daß es Fleisch gut konservierte, zum anderen, daß die Sülze beim Auskochen der knorpeligen Teile ganz von selber entstand. Nahrhaft wie sie war, war sie ein beliebtes Essen für die Erntearbeiter, wobei man Sülze entweder mit Essigsoße und reichlich Zwiebelringen als kalten Imbiß servieren konnte, oder mit Bratkartoffeln als warme Mahlzeit. Heutzutage werden Sülzen fertig oft auch als superleichtes Essen mit Truthahnfleisch oder Kalbfleisch im Handel angeboten — dennoch lohnt es, einmal eine richtige Schweinssülze selber zuzubereiten und den Gästen damit eine ganz besondere Delikatesse zu bieten, wenn sie zu einem Skatabend zusammensitzen oder ganz einfach zu einem kühlen Bier im sommerlichen Garten.

Zutaten:

- 4 Schweinsfüße,
- 1 Schweinerüssel,
- 2 Schweineohren,
- ca. 375 g „grünes", also ungeräuchertes Bauchfleisch,
- Salz,
- Essig,
- Pfefferkörner,
- 1 Lorbeerblatt,
- Zitronenschale,
- 2 große Zwiebeln,
- Suppengrün

Zubereitung:

Man köchelt das Fleisch in einem mit Salz und wenig Essig versetzten Wasser bei sehr geringer Hitze etwa eine halbe Stunde, fügt dann sämtliche Gewürze bei und siedet weiter, bis sich das Fleisch ganz leicht von den Knochen löst. Man nimmt das Fleisch heraus, trennt es von den Knochen und schneidet es in mundgerechte Stücke. Der Sud wird, erkaltet, von der Fettschicht befreit. Eine kleine Probeportion auf einen Teller gegossen, soll die Gelierfähigkeit zeigen, notfalls läßt man weiter einkochen. Das Fleisch gibt man in tiefe Teller oder Portionsschüsseln und übergießt es mit der Sülze. Einen Rest behält man zurück, denn wenn die Sülze in den Tellern festgeworden ist, garniert man die Oberfläche mit Eischeiben, Essiggürkchen und Petersilie und fixiert diese Dekoration durch vorsichtiges Aufgießen der restlichen, nochmals erwärmten Flüssigkeit.

Rote Grütze — das ist so etwas wie ein flammendes Sommersignal für die norddeutschen Küstenbewohner — ein Import aus dem benachbarten Schweden, aus Dänemark, ein Import, der sich längst eigenständig bei den Leckermäulern eingeschlichen hat, die kühl, sommerlich leicht und dennoch nicht allzu kalorienarm bedient werden wollen. Nicht nur die Kinder sind es, deren Gesichter strahlen, wenn sie die Verheißung Roter Grütze hören, manch norddeutsche Hausfrau gesteht lächelnd, sie mache immer gleich zwei Schüsseln davon, denn eine leere schon ihr Mann, noch ehe die Kinder von der Schule oder vom Spielen nach Hause kämen. Und ihrer süddeutschen Kollegin geht es mit der säuerlich erfrischenden Buttermilch-Sülze kein bißchen besser, wobei diese auch für Diabetiker ohne jede Bedenken serviert werden kann.

Regnet's am Tag unsrer lieben Frauen,
da sie das Gebirg tät beschauen,
so wird sich das Regenwetter mehren
und 40 Tag nacheinander währen.

Bringt der Juli heiße Glut,
So gerät der September gut.

So golden die Sonne im Juli strahlt,
so golden sich der Roggen mahlt.

In Danzig wird ein Turm gebaut
von Buttermilch und Sauerkraut

Zutaten Rote Grütze:

- 500 g rote Johannisbeeren,
- 100 g schwarze Johannisbeeren,
- 250 g Himbeeren,
- ½ l Wasser,
- ½ l Rotwein (oder insgesamt 1 l Wasser),
- 200 g Zucker,
- 100 g Speisestärke,
- ¼ l ungeschlagene Sahne oder ½ l Vanillesoße

Zutaten Sauermilchspeise:

- ½ l Schweden- oder Dickmilch,
- 1 EL Zucker oder Fruchtzucker,
- 1 TL Arrak,
- 4 Blatt Gelatine,
- 4 EL Wasser,
- Früchte der Saison

Welcher ochß gern zeücht den pflug
Dem wil ich geben heues genug
Auch wil ich dir mit treün sagen
Hüt dich vor den hündischen tagen

Zubereitung Rote Grütze:

Die entstielten, gewaschenen Früchte läßt man mit wenig Wasser (oder Rotwein) gut durchkochen und streicht das Fruchtmark durch ein feines Sieb. Das mit dem Zucker und einem Teil des restlichen Wassers vermischte Fruchtmark nochmals aufkochen lassen, die mit der restlichen Flüssigkeit verrührte Speisestärke wird unter ständigem Rühren dazugegeben und noch mehrmals aufwallen lassen.

Die heiße Grütze wird in eine Schale gefüllt und mit einem Restchen Zukker überstreut. Einige Früchte, bevorzugt ganze Himbeeren, können mit in die erkaltende Flüssigkeit gegeben werden, die man erst, wenn sie fest geworden ist, noch kurz in den Kühlschrank stellt. Serviert wird mit ungesüßter kalter Sahne oder mit ebenfalls gut gekühlter Vanillensoße. Beliebte Varianten sind, weiter südlich in der Bundesrepublik, die bunte Götterspeise, auch Wakkelpudding genannt, oder die süße Fruchtsülze, die mit Weißwein und Gelatinepulver zubereitet wird.

Zubereitung Sauermilchspeise:

Die Gelatine wird im Wasser eingeweicht, durch vorsichtiges Erhitzen aufgelöst und dann zusammen mit Zucker und Arrak in die Dickmilch eingerührt. Kleingeschnittene Früchte oder Beeren, z. B. Aprikosen, Erdbeeren oder Himbeeren, werden in Portionsgläser verteilt, die Milch darüber gegossen und im Kühlschrank erstarren lassen. Die Sauermilchspeise muß sehr kalt serviert werden.

1 Kartoffeln in verschiedensten Variationen sind aus dem Speiseplan nicht mehr wegzudenken: hier Kartoffelpuffer

2 Der Zwetschgenkuchen versüßt den Herbstbeginn

3 Kaiserschmarren, bekömmlich und schmackhaft

4 Rheinischer Sauerbraten, eines der deutschen Lieblingsgerichte

Bayerischer Apfelstrudel

Die Sommersonne brennt vom Himmel, auf den Feldern ist die Ernte zugange, die ersten Äpfel reifen an den Bäumen. Die fast goldfarbenen, leicht säuerlichen Jakobiäpfel sind es, die rotgefleckten Kornäpfel. Beider Namen deutet ja schon auf ihre Erntezeit hin. Und nicht nur die naschhaften Wespen, sondern auch die Hausfrauen warten sehnsüchtig auf die zarten Früchtchen, es juckt sie geradezu in den Fingern, den allerersten, zarten Apfelstrudel auf den Tisch zu bringen. Und die Männer sahen's nicht ungern — zum einen soll es auch unter ihnen allerhand Leckermäuler geben, zum anderen war es ein weitverbreiteter Aberglaube, daß Äpfel in der Küche die Regenwolken vom Himmel vertreiben. Den Zusammenhang kläre, wer mag (vielleicht, weil man um die hochsommerliche Zeit der Hundstage nicht so ohne weiteres dauerhaften Regen befürchten mußte), wir halten uns lieber an die duftende Köstlichkeit, deren Herstellung freilich wieder einmal die Feinschmecker und die Köchinnen in zwei Lager spaltet. Soll man die Äpfel und Rosinen in üppigen Blätterteig oder in zarten Strudelteig verpacken? Soll man nach Wiener Manier trocken auf dem Blech backen oder nach bayerisch-fränkischer Weise den Strudel in einer tiefen Bratform in Milch und Sahne garen, damit er ein cremeweiches, saftig angebratenes „Rammerl" bekommt?

Wer nicht geht mit dem
Rechen,
Wenn die Fliegen und
Bremsen stechen,
Muß im Winter gehen
mit dem Strohseil
Und fragen: „Wer hat
Heu feil?"

Dan Summer brenga wir heita,
Wir donken, lieba Leita.
Es guckt jo aus dam Haus
A schöna Jungfra raus;
Wird sich wohl bedenka,
Wird uns wohl wos schenka.

Riesengebirge

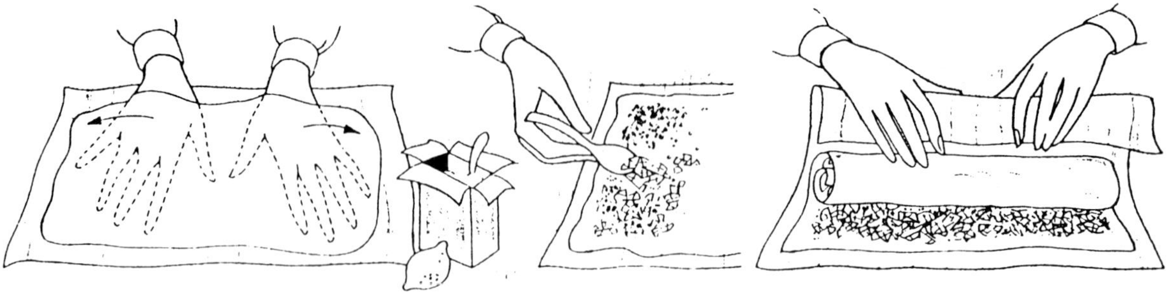

Juliregen nimmt den Erntesegen.

Julidonner füllt die Grummetkammer.

Zutaten:

- 250 g Mehl,
- 1 Ei,
- Salz,
- $\frac{1}{8}$ l lauwarmes Wasser,
- 800 bis 1000 g säuerliche Äpfel,
- 100 g Rosinen,
- 100 g Zucker,
- Zimt,
- 150 g Butter,
- Milch,
- evtl. etwas Sahne

Zubereitung:

Aus dem gesiebten Mehl, dem Salz, dem Ei und etwas Wasser wird ein geschmeidiger Teig bereitet, der sehr gut durchgearbeitet sein muß. Der Strudelteig muß, am besten unter einem erhitzten Topf, etwa eine Viertelstunde rasten, ehe man ihn in passende Portionen so dünn wie möglich ausrollt. Dann werden die Teigplatten mit den Händen noch weiter vorsichtig ausgezogen, man sollte, heißt es in alten Haushaltsbüchern, „die Zeitung darunter lesen können". Je dünner jedenfalls der Strudelteig, um so köstlicher der Strudel. Man bettet den fein ausgezogenen Teig, der keine Risse oder Löcher haben darf, auf ein bemehltes Tuch, bepinselt ihn mit zerlassener Butter, gibt die geschälten, in feinste Scheibchen zerschnittenen Äpfel und die Rosinen darauf. Zukker und ein wenig Zimt werden aufgestreut und die Strudel dann mit Hilfe des Tuches aufgerollt. In einer mit zerlassener Butter ausgestrichenen Bratpfanne werden die Strudel nebeneinandergebettet, nochmals mit Butter bestrichen und etwa zwei Finger hoch mit heißer Milch übergossen.

In etwa 40 bis 50 Minuten werden die Strudel goldbraun gebacken, nach der Hälfte der Backzeit wird nochmals etwas heiße Milch nachgegossen, luxuriöserweise mit etwas Sahne vermischt. Wenn alle Flüssigkeit aufgesogen ist, kann der Strudel herausgenommen und serviert werden.

Pickelsteiner

Ein Volksfest, dem Eintopf zu Ehren

Pichelsteiner, Pickelsteiner oder Büchlsteiner – das ist die Frage: So ganz ist man sich nicht einig über den Namen dieses nahrhaften, dem Irish-Stew eng verwandten Eintopfes. Hauptsache, es schmeckt.

Immerhin gibt es eine recht hübsche Geschichte, die die Entstehung des Gerichtes erzählt, eine Pickelsteiner-Gesellschaft und sogar ein Pikkelsteiner-Fest.

Die Wirtin Auguste Winkler aus Grattersdorf im Bayerischen Wald soll in einem entsprechend großen Topf alle Küchenvorräte zusammengekocht und in eine Kutsche verladen haben, als der königlich-bayerische Landrichter Benno Storlein anno 1839 mit seinen Freunden, Verwandten und Amtskollegen einen Ausflug auf den „Büchelstein" machen und dort, wo es kein Wirtshaus gab, ausgiebig „vespern" wollte.

Eine andere Version will wissen, Wallfahrer, die auf den uralten Pilgerpfaden nach Santiago de Compostela gepilgert sind, hätten in spanischen Herbergen einen Eintopf dieser Art, die Olla potrida, als billige Pilgerverpflegung kennengelernt und dann das Rezept mit heimischen Zutaten nachgekocht. Streit darüber, welche Version richtig sei, gab es natürlich, Streit gab es auch zwischen den Ortschaften Gratters-

dorf, Grafenau und Regen über die Pickelsteiner-Urheberschaft. Die Regener eroberten schließlich den Deckel zum Topf, und seit 1847 ist, am Sonntag nach Jakobi, in Regen das Pickelsteiner-Fest festgeschrieben – eine Riesengaudi, bei der eine Riesen-Gulaschkannone von Rössern durch die Straßen gezogen wird und Tausende von Pickelsteiner-Portionen von den Festgästen mit vermutlich Tausenden von „Maßen" konsumiert werden. Auch der Sohn des Reichskanzlers von Bismarck soll, so erzählt die Chronik der Pickelsteiner-Gesellschaft, anno

Wenn die Bohnen üppig geraten,
Geraten auch trefflich unsere Saaten.

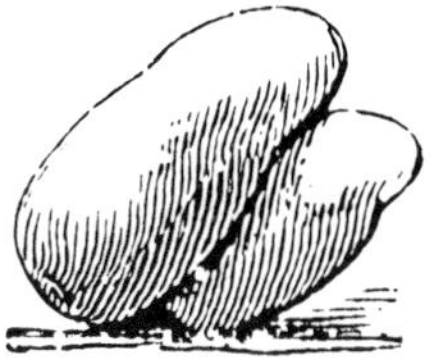

Ist der Juli trocken
hat der Bauer
gute Brocken

1902 das Fest besucht und anschließend das Originalrezept mitgenommen haben. Wodurch ein Arme-Leute-Essen aus dem Bayerischen Wald zu fürstlich-preußischen Ehren kam.

Auf jeden Fall ist das Pickelsteiner ein recht handfestes und kalorienreiches Essen, das sich zur Verköstigung hungriger Wanderer nicht zuletzt deswegen so vorzüglich eignet, weil es lange schmoren und unbeschadet warten kann, bis die hungrigen Gäste endlich eintreffen. Weil es sogar am Vortag zubereitet werden kann und durch das Aufwärmen eher an Geschmack gewinnt denn verliert.

Nachdem neben ausgedehnten „Volkswanderungen“ in den jüngsten Jahren auch mehrtägige Wallfahrten wieder in Mode gekommen sind — letztere freilich häufig mehr als sportlich-kommunikatives, denn als religiöses Ereignis verstanden — könnte, bei aller Kalorienzählerei, auch das Pichelsteiner wieder zu Ehren gelangen.

Zutaten:

- 250 g Rindfleisch,
- 250 g Schweinefleisch,
- 250 g Kalbfleisch,
- 100 g Rindermark in Scheiben,
- 500 g Kartoffeln,
- 750 g Gemüse der Saison (gelbe Rüben, Zwiebel, Lauch, Weißkraut oder Wirsing, weiße Rübchen, Bohnen, wenig Sellerie),
- Salz,
- Pfeffer,
- Petersilie,
- Majoran,
- Kümmel,
- Rahm

Zubereitung:

Fleisch und Kartoffeln in mittelgroße Würfel, Gemüse in Streifen schneiden oder in Stückchen brechen. Auf den Boden eines entsprechend großen Topfes die Markscheiben legen, darauf schichtweise das Fleisch, das Gemüse und die Kartoffeln schichten, die Gewürze mit Ausnahme der Petersilie zugeben. Etwa ½ Liter Fleischbrühe aufgießen und das Gericht ohne umzurühren im geschlossenen Topf etwa eineinhalb Stunden schmoren, ohne daß das Gemüse zerfällt. Bei Bedarf etwas Brühe nachgießen. Der fertige Eintopf wird mit einigen Eßlöffeln Rahm und gehackter Petersilie verfeinert, dazu kann gebuttertes Bauernbrot oder frisch gebrochenes Stangenweißbrot gereicht werden.

Mehr als je zuvor wirbelt das sommerliche Reisevergnügen die Menschen durcheinander — wer will schon noch seinen Urlaub zu Hause „auf Balkonien“ oder in seiner grünen Gartenoase verbringen. Tapetenwechsel braucht der Mensch, und so legt er zwischen seinen Ferientraum, und sein Alltagsdomizil zunächst einmal ein paar hundert Kilometer Autostau.

Mit den Gästen aber reisen die traditionellen, landschaftsgebundenen Küchenspezialitäten von Nord nach Süd, von Ost nach West. Und umgekehrt. Während manch Norddeutscher vor einer bayrisch-österreichischen Speisekarte verzweifelt überlegt, was denn nun ein „Schmarrn“ sei, ob man im „Leberkäs“ Leber und Käse findet, warum „Nockerl“

Ri, ra ro!
Der Summertaagk iss do!
Veilcher unn die Blumme
Gibt en schöne Summer.
Ri, ra, ro,
Der Summertaagk iss do.

Wichsel, wechsel,
Kriech mer's Kätzel!
Wuhin?
Uff de goldne Wiese
Kummt der Summr geschliche.
Ri...

Zum Behret, zum Behret!
D' Kellerleut' empfange,
Den, der nit derzukummt,
Schlage mer mit Stange.
Ri...

Nockerl heißen oder was „Blaukraut“ sei, versuchen die Süddeutschen mit dem Rheinischen Sauerbraten, den Königsberger Klopsen oder Hamburger Aalsuppe Freundschaft zu schließen. Wobei sie erkennen, daß der „Pinkel“, der zum Braunkohl gegessen wird, gleichermaßen eine Anspielung auf die Männlichkeit ist, wie ihr vertrauter „Kümmelspitz“. Und daß beides am besten schmeckt, wenn es auf einer zünftigen Männerpartie mit entsprechenden Mengen Alkohol konsumiert wird.
Seefisch, Krabben und Aal sind längst auch im Binnenland leicht und frisch erhältlich; hat etwa die Aalsuppe während des Nordseeauf-

Was Juli und August
nicht kochen,
Kann der September
nicht braten.

Bin Wallfahrtn ganga
alle Tag zeitli fruah,
koa Kirch hab i' gfundn,
aba Wirtshäuser gnua.

enthaltes besonders gut geschmeckt, warum sollte man sie nicht auch einmal in Garmisch oder Berlin nachzukochen versuchen? Und mag die Verbindung von Fleisch und Obst, von Obst und Fisch, dem Süddeutschen ebenso ungewohnt erscheinen, wie etwa dem Norddeutschen die Liebe der Süddeutschen zu Spätzle und Knödeln: im Norden und Osten unseres Landes gelten sie als ganz besondere Delikatessen. Nicht umsonst gibt es beispielsweise einen so anerkennenden Kosenamen wie „Schlesisches Himmelreich" für die Verbindung von Rauchfleisch und Dörrpflaumen.

Zutaten Hamburger Aalsuppe:

- 300 g frischer Aal,
- 1 Schinkenknochen (mit Fleischresten!),
- 100 g Backpflaumen,
- 250 g kleine harte Birnen,
- 2 Mohrrüben,
- 1 Petersilienwurzel,
- 3 junge Zwiebeln,
- 1 Stück Selleriewurzel,
- 2 EL gehackte Kräuter,
- 1 EL Stärkemehl,
- Salz,
- Zucker,
- Essig

Zubereitung Hamburger Aalsuppe:

Der Aal wird ausgenommen und enthäutet, dann in etwa drei Zentimeter lange Stücke geschnitten, der Schinkenknochen (Reste vom geräucherten Rippchen tun's auch) etwa eine Stunde ausgekocht, das Fleisch abgelöst und klein geschnitten. Die über Nacht vorgeweichten Backpflaumen, die geschälten, geviertelten und entkernten Birnen und das in Streifen geschnittene Gemüse werden in der Schinkenbrühe etwa 20 Minuten gegart. Das Stärkemehl wird in etwas Wasser angerührt und in die Suppe gegeben. Dazu kommen die gehackten Kräuter — Basilikum, Estragon, Majoran und Thymian sollten in jedem Falle dabeisein —, die Aalstückchen und die Schinkenreste. Nach etwa 10 Minuten ist der Fisch gar und die Suppe kann, mit Salz, Essig und einer Prise Zucker abgeschmeckt, serviert werden.

Zubereitung
Birnen, Bohnen und Speck:

Der Speck wird in feine Scheiben oder kleine Würfel geschnitten und langsam ausgelassen. Die geputzten Bohnen werden mit der Brühe, dem Speckfett und den Speckstückchen — gesalzen und gepfeffert — etwa eine halbe Stunde gegart. In einem zweiten Topf gart man die geschälten, halbierten Bohnen mit etwas Zucker. Zum Servieren gibt man die Bohnen in eine Schüssel und garniert die Birnen obenauf.

Zubereitung
Königsberger Klopse:

Das fein gemahlene Fleisch mit den eingeweichten und ausgedrückten Semmeln, dem Ei, der etwas feingehackten und in etwas Butter glasig angedünsteten Zwiebel vermischen, mit Salz und Pfeffer gut abschmekken. Mit feuchten Händen daraus mittelgroße Klöße — Klopse — formen. Das Wasser mit dem Markknochen, einer geriebenen Zwiebel, den Gewürzen, dem Bouillonwürfel und etwas Salz gut durchkochen. Die Klopse in die siedende Brühe legen und 10 Minuten kochen. Die Fleischkugeln herausnehmen und in einen feuerfesten Topf legen. Aus 2 EL Butter und etwas Mehl eine helle Schwitze bereiten, mit durchgeseihter Brühe löschen, saure Sahne und Weißwein zufügen, desgleichen die Kapern, Zitronensaft, Zukker und eine Prise Pfeffer. Die Klopse darin ziehen, aber nicht kochen lassen. Die mit Wasser verquirlten Eigeln daranrühren und mit Salzkartoffeln servieren.

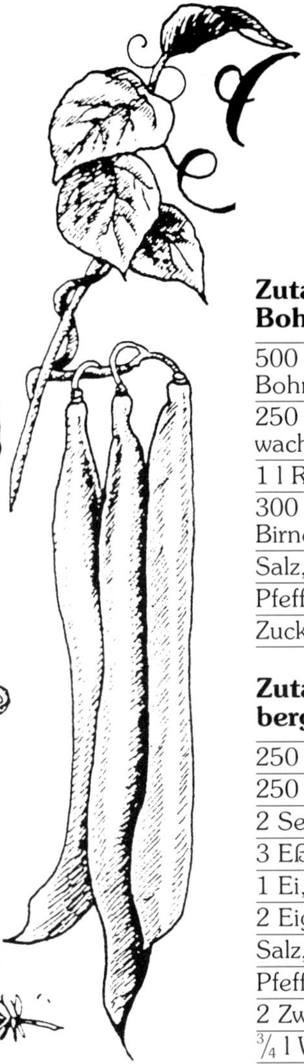

Zutaten Birnen, Bohnen und Speck:

- 500 g junge grüne Bohnen,
- 250 g frischer, durchwachsenen Speck,
- 1 l Rindsbouillon,
- 300 g Bergamotte-Birnen,
- Salz,
- Pfeffer,
- Zucker

Zutaten Königsberger Klopse:

- 250 g Rindfleisch,
- 250 g Kalbfleisch,
- 2 Semmeln,
- 3 Eßlöffel Butter,
- 1 Ei,
- 2 Eigelb,
- Salz,
- Pfeffer,
- 2 Zwiebeln,
- $\frac{3}{4}$ l Wasser,
- 1 Markknochen,
- 3 Gewürzkörner,
- 1 Lorbeerblatt,
- 1 Bouillonwürfel,
- Mehl,
- $\frac{1}{8}$ l saure Sahne,
- 1 Glas Weißwein,
- 1 Röhre Kapern,
- Zitronensaft,
- Zucker

August

Der römische Kaiser Augustus hat dem Erntemonat seinen Namen mitgegeben, ein anderer Herrscher aber, Luzifer, der Fürst der Höllenwelt, bestimmt den ersten Tag dieses Monats, einen Unglückstag von ganz besonderer Bedeutung. Denn an diesem 1. August, an dem einst der siegreiche Michael den aufmüpfigen Satan gestürzt haben soll, durfte nichts Neues begonnen, nichts Neues angezogen werden, sollte nicht das Verderben darin lauern.

Viel Aberglauben aber rankte sich auch um die Erntearbeit. Vergaß man, die erste Garbe für die freundliche Kornmutter zu binden, so mußte man mit allerlei Bosheiten der weniger gutmütigen Korndämonen rechnen. Festlich geschmückt führte man die erste wie die letzte Fuhre in die häusliche Scheuer, ehe man die Sichel an die Stubenwand hängen und sich zum reichen Ernteschmaus niederlassen durfte.

So wie auf vielen alten Bildern die Himmelskönigin zarten Fußes den Kopf des Höllenfürsten zertritt, so kennzeichnet der Sieg des Guten über das Böse auch den Monat August, wenn am 15. ein hoher katholischer Feiertag begangen wird, der Große Frauentag, das Fest der Himmelfahrt Mariens. Wallfahrten, Lichterprozessionen, Andachten umranken das Fest, vor allem aber darf es nicht des duftenden Kräuterbüschels entbehren, den man zur Weihe trägt. Heilkraft muß in den Pflanzen stecken, keine Blume darf hineingeraten, die auch zum Hexenzauber dienen könnte.

Straubén und Spritzkrapfen

Ob die zarten Strauben wirklich namensverwandt sind mit den eisenharten Schrauben? Volkskundler jedenfalls legen das krause, runden Aussehen dieses flaumweichen Schmalzgebäcks durchaus der Namensgebung zugrunde. Verbürgt jedenfalls sind die Bezeichnungen Strube, struibelin, strübete schon in der Handschrift des Küchenmeisters Hansen, die um 1460 auszugsweise veröffentlicht wurde.
Im bayerischen, österreichischen und alemannischen Raum waren Strauben — heute oft auch Spritzkuchen genannt — ein traditionelles Essen für die Erntearbeiter. Man servierte sie zu hellem Malzkaffee ebenso wie zu Most und Dünnbier, denn sie ließen sich bequem von den Höfen aufs Feld transportieren, waren sättigend und kosteten, wie alle Schmalzgebäcksorten, in der Herstellung kein Bargeld, denn alles, was man dazu brauchte, gab es aus eigenem Vorrat.

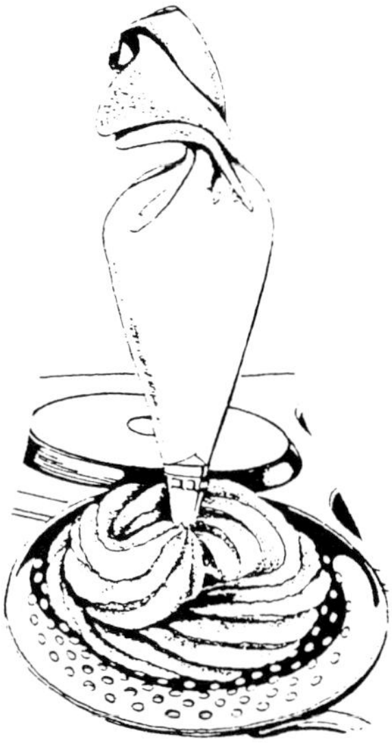

Ist der August im Anfang heiß,
wird der Winter streng und weiß;
stellen sich Gewitter ein,
wird's bis Ende auch so sein.

Zubereitung:
Wasser, Butter und Salz aufkochen, das Mehl dazugeben und über schwachem Feuer rühren, bis sich die Masse vom Topfrand wie vom Rührlöffel löst. Nacheinander zwei Eier in die heiße Masse rühren, bis sie eine mittelfeste Konsistenz hat. Sollte der Teig zu fest sein, den Dotter des dritten Eies dazugeben. Während man das Backfett, mindestens zwei Finger hoch, im Topf erhitzt, füllt man den Teig in den Dressiersack oder eine Backspritze mit großer Tülle und spritzt etwa zehn Zentimeter lange Teigstücke direkt ins Fett oder formt auf einem Blatt Pergamentpapier aus der Spritze Ringe, die man dann ins heiße Fett gleiten und zu goldbrauner Farbe backen läßt. Die Strauben werden mit Puderzucker überstäubt oder erkaltet mit dickem Guß bestrichen.

Zutaten:
- ⅛ l Wasser,
- 20 g Butter,
- 1 Prise Salz,
- 100 g Mehl,
- 2—3 Eier,
- Zucker,
- Backfett

Kartoffelpuffer, Reibekuchen

Ein Geschenk der alten Inkas

Bläst im August der Nord,
so dauert gutes Wetter fort.

Der Tau ist dem August so not,
wie jedermann sein täglich Brot.

Daß der Eroberungsdrang und die Entdeckerlust der Europäer den Völkern Südamerikas Glück brachten, wird — kennt er die historische Entwicklung durch die Jahrhunderte — heute wohl keiner mehr behaupten. Die uralt überlieferten sozialen Strukturen, der verantwortungsvolle Umgang der indianischen Völker mit der ihnen anvertrauten Erde, hätte wohl kaum zum allbekannten Elend in den südamerikanischen Ländern geführt.
Nicht der Raub ihres legendären Goldes im Namen der allerchristlichsten Majestäten, nicht das unermeßliche Blutbad unter den Noblen dieser Völker waren es, die diese Völker und ihre Zukunft auslöschten, sondern die Vernichtung ihres kulturellen Erbes, ihrer Religionen zugunsten einer erbarmungslosen Zwangsmissionierung, das Auslöschen einer — wie wir heute zugeben müssen — hochentwickelten Heilkunst, haben ihre bis heute verheerende Wirkung gezeigt. Die Ausrottung der Indianer, die Vernichtung ihrer Lebensgrundlagen während der Besiedelung des Wilden Westens waren ja erst der zweite Schritt.
Wieviel aber verdanken wir Europäer diesen uralten Kulturvölkern! Nicht nur so allgemein beliebte Genußmittel wie Kakao, Cola oder Tabak wurden, „Geschenke der Götter", zuerst in Südamerika angebaut. Tomaten, Bohnen und Mais haben die Erobererschiffe der Portugiesen und Spanier nach Europa

gebracht, vor allem aber die Kartoffel.
Mehr als 50 Sorten sollen den Indianern bekannt gewesen sein, acht davon kultivierten sie ausschließlich als Heilmittel und konservierten sie auf den Hochplateaus der Anden in einem Verfahren, das wohl unserer Gefriertrocknung sehr, sehr nahe kam.
Wie wenig freilich die Europäer dieses Geschenk der Neuen Welt zu würdigen wußten, davon erzählen viele Geschichten. Um 1560 kamen die ersten Knollen nach Italien und Burgund, kultiviert wurden sie erst gegen 1588. Sir Walter Raleigh wird ebenso wie Francis Drake mit dem Import der Kartoffel in Verbindung gebracht, ein päpstlicher Gesandter übergab dann 1588 dem deutschen Botaniker Clusius erste Saatkartoffeln. 1616 wird die exotische Rarität als Delikatesse auf der königlichen Tafel Frankreichs erwähnt, in Deutschland trugen die Hungersnöte des Dreißigjährigen Krieges nur

wenig zu ihrer Verbreitung bei. Das schaffte erst der Preußenkönig Friedrich II., der den befohlenen Kartoffelanbau von bewaffneten Soldaten kontrollieren ließ. Mit beachtlichen Prämien animierten dagegen die russischen Herrscher ihre Bauern zum Kartoffelanbau, und die Bayern exportierten die Erdäpfel, die Erdbirnen, die Grundbirnen, zusammen mit ihrem jungen Königssohn Otto nach Griechenland. Volksnahrung durch viele Generationen, geriet die Kartoffel in den vergangenen Jahrzehnten in den schlechten Ruf eines „Dickmachers", bis jüngste Forschungsergebnisse sie nicht nur als Heilmittel bei Magenleiden, sondern auch als Diätikum priesen — letzteres allerdings nur, wenn man sich für die „blanke" Pellkartoffel entscheidet. Und auf das verzichtet, was Joachim Ringelnatz ihr sozusagen als letzten Gruß mitgeben möchte:

„Jetzt schlägt dir deine schlimmste Stunde
du Ungleichrunde,
du Ausgekochte, du Zeitgeschälte,
du Vielgequälte
du Gipfel meines Entzückens.
Jetzt kommt der Moment des Zerdrückens
mit der Gabel! Sei stark!
Ich will auch Butter, Salz und Quark
oder Kümmel, auch Leberwurst in dich stampfen.
Mußt nicht so ängstlich dampfen.
Ich möchte dich noch mal erfreuen.
Soll ich Schnittlauch über dich streuen?"

Wer nicht seiner Figur, sondern seinem Gaumen Gutes tun will, der freilich darf schlemmen mit Kartoffelpuffern, die die Bayern Reiberdatschi und die Rheinländer Reibekuchen nennen, mit Klößen oder Knödeln, mit einem deftigen, durch Fleischbrühe, gerösteten Speck und Olivenöl saftig gemachten oder mit Majonnaise bündig angerührtem Kartoffelsalat.

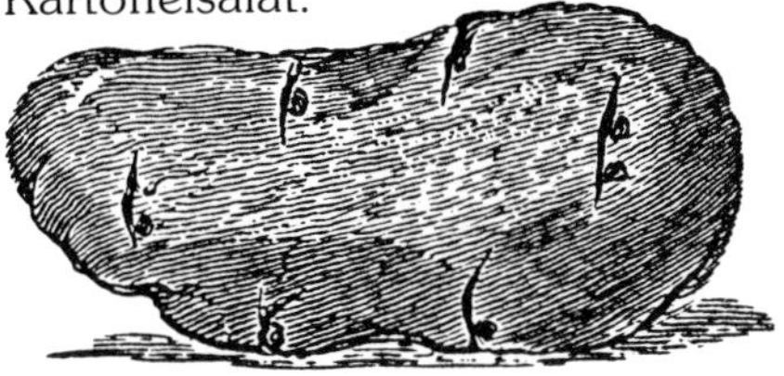

Zubereitung:
Die geschälten rohen Kartoffeln ebenso wie die Zwiebel fein reiben, mit Salz und Eiern mischen. Die Masse in kleinen Portionen in die Pfanne geben und so dünn als möglich ausstreichen, auf beiden Seiten goldbraun backen und heiß servieren.
Wenn Schwaben Kartoffelpuffer backen, entfallen die Eier, dafür wird von der Masse das sich sammelnde Kartoffelwasser abgegossen und mit ein wenig Milch und drei Eßlöffeln Mehl gebunden. In die fränkischen Reibekuchen darf überhaupt nur Salz gegeben werden, dafür muß aber die Kartoffelmasse besonders gut abtropfen. In der Oberpfalz werden gelegentlich Zucker oder saure Sahne beigemischt, mancherorts kommen auch Mehl und Rosinen in den Puffer-Teig.
Als Beigabe wird überall Apfelmus serviert, im Rheinland auch Bohnensalat.

Je dichter der Regen im August,
je dünner wird der Most.

Dominik (4.) wachsen die Rüben dick.

Zutaten Kartoffelpuffer auf rheinische Art:

1 kg große Kartoffeln,
1 große Zwiebel,
2 Eier,
Salz,
Öl zum Backen

Kaiserschmarren

Romantische Geschichten um eine Senner-Mahlzeit

*Im August der Morgen-
regen
wird vor Mittag sich
nicht legen.*

*Wol auff mit mir in die eren
All die da schneyden wöllen leren
Siech auch gar eben auff das pret
Sy trinken weder wein noch met*

Um den Kaiserschmarren ranken sich viele Geschichten, rührende zumeist, wie sie der Sehnsucht des einfachen Volkes nach höfischem Glanz nicht nur in früherer Zeit entsprachen.

*Gibt's im August rechten
Sonnenschein,
so wird die Ernte besser
sein.*

Da gibt es beispielsweise die hübsche Anekdote, daß eine Wirtin in Bad Ischl, dem bevorzugten Ferienort des österreichischen Kaisers Franz Joseph, den Monarchen nach dem alten Grundsatz „Liebe geht durch den Magen" auf sich aufmerksam machen wollte. Andernorts erzählt man sich, daß sich der Kaiser auf der Jagd verirrte und von einer mitleidigen Bäuerin, die den hohen Herrn natürlich nicht erkannte, mit einem mißlungenen Pfannkuchen (also einem „Schmarrn") versorgt worden sei. „Schmarrn" nennt man im alpenländischen Raum ja nicht nur diese Mehlspeise und andere Pfannengerichte, sondern auch jede mißlungene Handlung, jede dumme Anmerkung.

Natürlich darf unter jenen, denen man den Kaiserschmarren zueignet, auch Kaiserin Elisabeth nicht fehlen, in einem der herzigen Sissy-Filme jedenfalls muß sie auf einer Almhütte heftig darin herumstochern.

Viel wahrscheinlicher aber ist, daß dieses Gericht aus Eierkuchenteig und reichlich Fett sehr viel älter und sehr viel weniger „adelig" ist, als all

diese majestätischen Geschichten. Kaser nämlich heißen die Almen, auf denen die Senner so einfach und so rasch wie möglich kochen mußten, für sich, für gelegentliche Gäste, oft auch für Jäger und Holzknechte, die kurz Rast machen wollten. Gastronomisch veredelt mit Rosinen, Mandel- oder Nußblättchen, Zitrone und Zucker wurde dann aus dem schlichten Kaserschmarrn der noble Kaiserschmarren.

Was der August
nicht kocht
bratet der September
nimmer

Zubereitung:
Eigelb mit Zucker schaumig rühren, nach und nach die übrigen Zutaten beigeben, zuletzt den steifgeschlagenen Eischnee und die überbrühten, gut abgetrockneten Rosinen. Den Teig etwa $\frac{1}{2}$ bis 1 Zentimeter dick in das erhitzte Fett geben, leicht anbacken lassen, wenden, in kleine Stückchen zerreißen und von beiden Seiten gut goldgelb backen. Beim Servieren mit den leicht angerösteten Nuß- oder Mandelstückchen und mit Zucker überstreuen. Dazu paßt Aprikosen- oder Kirschkompott sowie Apfelmus.

Ich sehe dich in tausend Bildern,
Maria, lieblich ausgedrückt,
doch keins von allen kann dich schildern,
wie meine Seele dich erblickt.

Ich weiß nur, daß der Welt Getümmel
seitdem mir wie ein Traum verweht
und ein unnennbar süßer Himmel
mir ewig im Gemüte steht.

Novalis

Zutaten:

- 5 Eier (getrennt),
- 80 g Zucker,
- 250 g Mehl,
- $\frac{1}{8}$ l Milch,
- 60 g zerlassene Butter,
- Salz,
- Schale einer halben Zitrone,
- 100 g Rosinen,
- 50 g feine Mandelblättchen oder Walnuß-Stückchen,
- Backfett

*Scheint die Sonne hell
und zart
an Mariä Himmelfahrt
(15.),
so soll's guten Wein be-
deuten,
was erwünscht ist allen
Leuten.*

Der 15. August, das Hochfest der Aufnahme Mariens in den Himmel, heißt in Bayern „Großer Frauentag" und bringt für alle Wallfahrtskirchen, die eben an diesem „Muttergottestag" ihr Patrozinium feiern, den Auftakt zum „Frauendreißiger". Während des Frauen-

dreißigers, der 30tägigen Frist zwischen den Festen Mariä Himmelfahrt und Kreuzerhöhung, ist Wallfahrtsaison mit täglichen Segensandachten beispielsweise in Birkenstein, in den Münchner Traditionskirchen Mariä Ramersdorf und Maria Thalkirchen.

Eine ungebrochene, besser gesagt wiederbelebte Tradition verlangt für das Fest Mariä Himmelfahrt die Weihe eines Straußes heilkräftiger Pflanzen, eines „Kräuterboschens" — Erinnerung an die duftenden Blüten, die nach der Himmelfahrt der Gottesmutter in ihrem Sarg gefunden wurden. Von den 77 Kräutern und Blumen, die einstens dafür vorgeschrieben waren, kennen heutzutage wohl die wenigsten auch nur die Namen. Gewiß aber gilt auch heute noch, daß Blüten dabeisein müssen, die nach dem Volksglauben „im Geruch der Heiligkeit" stehen, wie die der Madonna geweihte Königskerze, der Frauenschuh, der Mohn oder die „Brennende Lieb". Streng verboten waren dagegen alle Gewächse, „die die Weihe nicht annehmen", weil sie zum Brauen der Hexenmixturen verwendet werden könnten, wie die Herbstaster, das Bockskraut, die Brunelle oder die Georgine.

Neben den Heilkräutern, der Kamille etwa, dem Salbei und der Minze, sollten — je nach Anbaugebiet — auch einige der wichtigsten Feldfrüchte vertreten sein, Hopfen und Gerste, Weizen, Mais und Haselnuß. Schön gebunden, die Königskerze als prunkendes Mittelstück, werden diese Kräutersträuße geweiht und getrocknet, daß sie wie einstens ins Viehfutter gemischt oder in den heilkräftigen Tee für ein krankes Familienmitglied, das dürfte nicht mehr unbedingt an der Tagesordnung sein.

Die Frauendreißiger-Wallfahrten dagegen erfreuen sich noch immer großer Beliebtheiten, wie ja das Wallfahren überhaupt wieder einen aufsteigenden Trend verzeichnet. Nur selten noch wird freilich in den nahe der Kirchen gelegenen Wirtschaften oder Kaffeehäusern ein Schmankerl serviert, dessentwegen allein schon früher die Kinder auch die weiteste Fußwallfahrt willig mitgemacht haben, die Zwetschgenbavesen.

Ihren geheimnisvollen Namen sollen die Bavesen von dem mittelalterlichen Schild haben, das mit der Eisenspitze in den Boden gesteckt wurde, um die Bogenschützen zu decken. Und zumindest in ihrer alten Form, als man das Weißbrot nicht kastenquadratisch, sondern weckenförmig buk, verdienten sie den Namen tatsächlich. Deutungen, die Bavesen seien auch ein wundertätiger Schild gegen die Macht des Bösen, sind wohl ein wenig weit hergeholt, verführt doch der Genuß dieser herbsüßen Leckerei eher zur Völlerei als zu frommer Enthaltsamkeit.

Zubereitung:

Zwei Eier mit dem Zucker und einem halben Liter Milch gut verschlagen, bis sich der Zucker gelöst hat. Die entrindeten Weißbrotscheiben kurz eintauchen, dann acht davon mit reichlich Zwetschgenmus, auch Pflaumenmus genannt, dick bestreichen, die anderen Scheiben darauf legen und fest andrücken. Aus dem Mehl, den restlichen drei Eiern und der verbliebenen Milch einen festen Ausbackteig schlagen, die gefüllten Brotscheiben darin eintauchen, bis sie sich gut angesaugt haben, in nicht zu heißem Backfett in der Pfanne goldbraun backen und noch heiß mit Zimtzucker bestreuen.

Zutaten:

- 16 dünne Scheiben altbackenen Weißbrotes, notfalls Toastscheiben,
- 5 Eier,
- $^{3}/_{4}$ l Milch,
- 150 g Mehl,
- 4 EL Zucker,
- ca. 350 bis 500 g Zwetschgenmus,
- Backfett,
- Zimtzucker zum Bestreuen

Würzburger Zwiebelkuchen

Die Kreuzbruderschaft feiert ein eigenes „Kerwa"

Vierzehnheiligen ►

Wettert es viel im Monat August, du nassen Winter erwarten mußt.

Bartholomä (24.) bringt Läus und Flöh.

Die Franken sind nicht nur ihrer herzhaft-köstlichen Küche wegen berühmt, sie verstehen es auch, Feste zu feiern, oder besser gesagt, aus einem alltäglichen Vorgang ein Fest zu machen. Man muß nur einmal eine Fasnet, eine Faschingsgaudi, oder eine Kerwa, ein Kirchweihfest, erlebt haben, um diesen Wesenszug der Franken zu schätzen und zu lieben. Die Franken sind aber auch ein frommes Volk. Zahllose Kapellen und herrliche Kirchen künden die Ehre des Schöpfers, der alles Gute in diesem irdischen Leben bescherte: der Bamberger Dom, St. Sebaldus zu Nürnberg, das Würzburger Käppele, Vierzehnheiligen... Gewallfahrtet wird im heutigen Franken wie eh und je, beispielsweise pilgern alljährlich die Mitglieder der Würzburger Kreuzbruderschaft auf den Kreuzberg in der Rhön — ein fünftägiger Fußmarsch — jeweils exakt vom 20. August, vier Uhr früh, bis zum Spätnachmittag des 24. August — und das schon seit 1647, dem letzten Jahr des 30jährigen Krieges.

Jeden Tag, ja jeden Morgen,
kannst du alle wohl versorgen,
du bist unermeßlich reich,
nichts kommt deiner Güte gleich.

Alles kommt von deinem Segen,
du gibst Sonnenschein und Regen,
daß die Feldfrucht wächst und blüht,
daß man reiche Ernte sieht.

Wenn sich Ungeziefer mehret
und die Früchte uns verzehret,
so geschieht's nach deinem Rat
wegen unsrer Missetat.

Wenn bei vielen Regengüssen
Saat und Frucht verderben müssen,
so hat's deine Hand getan,
unsre Sünd ist schuld daran.

Wenn an heißen Sommertagen
Schlossen alles niederschlagen,
was in Feld und Gärten grünt,
o so haben wir's verdient.

Wenn ein Franke am Nachmittag todmüde irgendwo ankommt — wie weckt man dann seine Lebensgeister? Mit einem „Veschperla" natürlich. Denn was dem Österreicher seine Jause, dem Bayern seine Brotzeit und dem Rheinländer sein „halber Hahn", das ist dem Franken seine Vesper. Ein Zwischendurch-Imbiß, der die Kräfte wieder auffrischt und

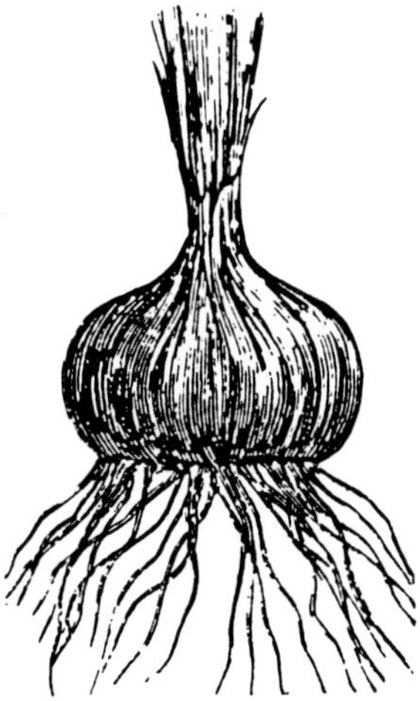

Die meisten gehen gern in die Kirchen, Wo ma mit 'm Maßkruag zsammaläut'.

die lange Frist zwischen dem Mittag- und dem Abendessen überbrückt. Das Veschperla für die heimkehrenden Wallfahrer ist wohl nicht zuletzt eine jahreszeitliche Spezialität, der „Zwiwelkoung", der Zwiebelkuchen. Ganz sang- und klanglos kann man weder die Wallfahrer begrüßen noch den ersten Zwiebelkuchen des Jahres — denn jetzt, im August, sind ja gerade die jungen Zwiebel auf den Feldern erntereif. Und so wird der Nachmittag des 24. August jedes Jahr in der Würzburger Semmelgasse zu einem fröhlich-lauten Volksfest der „Zwiwelkerwa", der Zwiebelkirchweih.

Zubereitung:

Der aufgegangene Hefeteig wird fingerdick auf ein gefettetes Backblech gerollt und nochmals gehen gelassen. Der kleinwürfelig geschnittene Speck wird ausgelassen, die ebenfalls kleingeschnittenen Zwiebel in diesem Fett glasig gedämpft. Zwiebel- und Speckstückchen auf den Teig verteilen, die mit dem Rahm verquirlten Eier, mit Salz und Kümmel gewürzt, darüberstreichen. Bei Mittelhitze goldbraun gebacken, ist der Zwiebelkuchen, noch warm serviert, eine ideale Ergänzung zu einem kühlen Bier wie zum trockenen Frankenwein.

Zutaten:

- Hefeteig aus 250 g Mehl (ohne Zuckerzugabe),
- 100 g Speck,
- 2—3 Zwiebeln,
- 2 Eier,
- 3 El saurer Rahm,
- Salz,
- 1 TL Kümmel

September

Mariae Geburt fliegen die Schwalben furt und St. Gorgeon treibt die Lerchen davon.
Niedriger ist nun schon der Sonnenstand, kalt werden die Nächte. In den Bergregionen wird das Vieh zu Tal getrieben, festlich geschmückt, wenn es auf der Alm keinen Schaden gegeben hatte, geschmückt aber auch mit Bändern, Flitter und Spiegelscherben, um Dämonen und Hexen, die an gefährlichen Wegen lauern, den Zugriff zu verwehren.
Die Fülle der Ernte breitet sich nun auf dem häuslichen Tisch und will, gesalzen und gesäuert, gezuckert und getrocknet, zu winterlichem Vorrat aufbereitet werden. Selbst in unseren Tagen noch macht es mancher Hausfrau Spaß, Köstlichkeiten für ihre Lieben selbst zu bereiten.
Anderwärts, im niedersächsischen raum vor allem, hatte die „Vorsorge" einen eher lebensbestimmenden Charakter: in der Nacht zum Matthäustag nämlich flochten die ledigen Mädchen zwei Kränze, aus Immortellen den einen, aus Stroh den anderen. Und wer, nach dem Umtanzen einer Wasserbütte, mit verbundenen Augen den Blütenkranz griff, durfte des baldigen Brautkranzes gewiß sein. Wer das Stroh in der Hand hielt, hatte Unglück und Krankheit zu fürchten, suchte er nicht seine Zuflucht bei St. Michael, dem mächtigen Herrscher der himmlischen Heerscharen, an dessen Fest im September man seine Hilfe ganz besonders wirkungsvoll erflehen konnte.

Zwetschgenplatz und Pflaumenkuchen

Nicht nur die Datschiburger wissen, was gut schmeckt

Mit einiger Fassung müssen die Augsburger Bürger seit langer Zeit ihren Spitznamen ertragen, einen kulinarischen Spitznamen. So wie man die Schwabenmädchen ihrer Leibspeise wegen Schpätzle-Schätzle und die Böhmen nach der bevorzugten Mehlspeise „Dalken“ nennt, so heißen die Augsburger eben „Datschiburger“. Dabei ist keineswegs erwiesen, daß dieses verlockende, weit verbreitete Gebäck tatsächlich in der Fuggerstadt erfunden wurde. Aber gewiß war die Küche in den ehrwürdigen Handelshäusern, bei den Fuggern und den Welsern, durch die eigenen Gewürzimporte schmackhafter als anderswo, gewiß wurden auch Rezepte populär, die mit den Waren von weither gekommen waren und hierzulande sich erst langsam verbreiteten.

Pflaumenkuchen, Zwetschgenkuchen, Zwetschgenplatz, Datschi: Nicht nur die Kinder, sondern auch die Wespen wetzen ihre Mundwerkzeuge, wenn nur der Name ausgesprochen wird. Ob der Name vom alten Mundartbegriff „Datsche“ kommt — für Landhaus, wo diese Kuchen früher vornehmlich gebakken wurden — oder vom süddeutschen Dialektwort „detschen, datschen“, also flachdrücken, wer fragt noch danach.

Mehr Diskussion löst schon die Entscheidung aus, ob der Datschi nach alter Augsburger Tradition aus hauchdünnem Hefeteig gebacken, oder nach Art der Donaumonarchie mit Mürbeteig, ob man die saftigen Früchtchen lediglich mit Zimtzucker bestreut, nach norddeutscher Manier mit Streuseln oder sie gar „auf thüringisch“ unter gestockter Eiermilch versteckt. So oder so: Das spätsommerliche Gebäck gelingt und schmeckt immer gleichermaßen vorzüglich, zumindest wenn man sich nicht dazu verleiten läßt, Pflaumen als Belag zu wählen. Zwetschgen müssen es sein, die späteren, süßeren und weniger safttriefenden Schwestern der Pflaumen.

Wie im September tritt der Neumond ein, so wird das Wetter den Herbst durch sein.

Und die aus dem Schwarzwald versprechen den allerhöchsten, allerfeinsten Genuß.

Nicht nur auf dem Kuchenblech verlocken die tiefblau-violetten Früchte zu köstlicher Gaumenfreude, Zwetschgenknödel, Zwetschgennudeln schmecken nicht weniger fein, auch wenn sie wieder unter den verschiedensten Namen in den Kochbüchern auftauchen. Zwetschgennudeln sind die engsten Verwandten der Rohrnudeln. Hefeteig um eine aufgeschnittene, anstelle des Kerns mit Würfelzucker gefüllte Zwetschge

Wenn im September viele Spinnen kriechen, sie einen harten Winter riechen.

gehüllt, so kann die Zwetschgennudel wie die Rohrnudel backen und, wiederum wie diese, als Hauptmahlzeit mit Kompott oder Vanillesoße servieren, gleichermaßen aber auch, möglichst warm, zum nachmittäglichen Kaffee. Der Zwetschgenknödel wiederum ist eine etwas herzhaftere Variante des österreichischen Marillenknödels, ein köstlicher Nachtisch, den man mittlerweile, vorgefertigt, sogar aus der Tiefkühltruhe im Einkaufszentrum holen kann.

Zutaten Mürbteig:

- 250 g Mehl,
- 100 g Butter,
- 100 g Zucker,
- 1 TL Backpulver,
- 3 EL Milch,
- (ausreichend für eine Springform, für ein Kuchenblech braucht man die doppelte Menge)

Zutaten Zwetschgendatschi:

- 250 g Mehl,
- 2 EL Zucker,
- 20 g Hefe,
- 1 Ei,
- ca. 1500 g reife Zwetschgen,
- Zimtzucker,
- evtl. Streusel aus 150 g Butter, 100 g Mehl, 50 g geriebenen Mandeln

Zubereitung:

Der gut aufgegangene Hefeteig wird dünn auf einem gefetteten Backblech ausgerollt und mit den entsteinten, geviertelten Zwetschgen ganz dicht belegt. Nach dem Backen wird der Kuchen noch warm reichlich mit Zimtzucker bestreut. Wer mag, kann vor dem Backen die Streusel oder die Eiermilch über die Früchte verteilen.

Statt des Hefeteigs wird mancherorts Mürbeteig als Basis gewählt.

Daß der Datschi im übrigen nicht nur mit Zwetschgen, sondern auch mit Apfelspalten oder mit Heidelbeeren belegt werden kann, das weiß vermutlich jede Hausfrau, die eine naschhafte Familie zu versorgen hat, selbst am besten.

Zubereitung Mürbteig:

Zutaten rasch mit kühlen Händen zu einem glatten Teig verarbeiten, ½ bis 1 Stunde im Kühlschrank ruhen lassen, ausrollen und wie den Datschi belegen. Sind die Zwetschgen sehr saftig, empfiehlt es sich, den Teig mit Semmelbröseln zu bestreuen.

Kaminkehrerbirnen

Rösser und Äpfel brauchen himmlische Fürsprache

Die Macht der himmlischen Heiligen ist für vielerlei Anliegen der Menschen vonnöten. Um Rinder und Rösser mußte sich — beispielsweise — St. Leonhard kümmern, der seiner Kräfte wegen ohnehin als der „bayerische Herrgott“ verehrt wird, St. Notburga ist für eine gute Getreideernte zuständig, der Jakobitag zeichnet den Beginn der Apfelernte. Der Apostel Matthäus dagegen, dessen Fest am 21. September gefeiert wird, war dafür verantwortlich, daß die Birnen die letzte notwendige Süße bekamen. Und waren sie endlich reif, so bereitete eine geschickte Köchin daraus einen Nachtisch, der — nur wenig verfeinert — unter „Birne Helene“ allüberall in der Gastronomie bekannt ist. In der einfachen Haushaltung nannte man die herbstliche Delikatesse ganz einfach „Kaminkehrerbirnen“, denn mit dem rußgeschwärzten Aussehen des Schornsteinfegers hat diese Birne ja tatsächlich einiges gemeinsam.

An Mattheis (21.)
fallen Kastanien haufenweis.

Ist September
warm und klar,
hoffen wir auf ein
fruchtbar Jahr.

Zutaten:

- 6 große, saftige Birnen,
- 150 g Zucker,
- 1 Prise Ingwer,
- $\frac{1}{4}$ l Milch,
- 1 EL Stärke,
- 20 g Butter,
- 1 Eigelb,
- 2 EL Kakao,
- 1 TL Pulverkaffee,
- 1 EL Rum,
- 2 EL kandierter Ingwer, gehackt

Zubereitung:

Die geschälten, halbierten Birnen werden in dem mit Ingwer und wenig Zucker gewürzten Wasser vorsichtig nicht zu weich gekocht und abgetropft in die Servierschalen gelegt.

Aus der Milch, dem Stärkepuder, dem restlichen Zucker und dem Kakao wird eine dicke Schokoladensoße gekocht (man kann sie auch aus einem Päckchen Schokoladensoße bereiten, die es fertig im Handel gibt). Noch warm werden Pulverkaffee, Eidotter und Rum untergezogen.

Die Soße wird über die Birnenhälften portioniert. Als geschmackliche Abrundung und Garnitur werden kleine Stückchen kandierten Ingwers darüber gestreut.

Zutaten für die Beize (pro Kilo Fleisch):

- ¼ l Rotwein,
- ¼ l Wasser,
- 1 Messerspitze Zucker,
- 1 große, grob geschnittene Zwiebel,
- 1 große gelbe Rübe,
- 1 kleine Petersilienwurzel,
- 1 kleine Stange Lauch,
- einige Pfefferkörner und zerdrückte Wacholderbeeren,
- 1 Gewürznelke,
- 1 Lorbeerblatt,
- je ein Zweiglein Basilikum,
- Thymian und Salbei,
- ein junges Fichten- oder Tannenspitzchen,

In dieser Beize wird das Wildfleisch mindestens 24 Stunden gelagert, zwei bis drei Tage intensivieren den Geschmack deutlich.

Der Hirsch, Reit- und Lieblingstier der antiken Jagdgöttinnen Artemis und Diana, spielt auch in christlichen Legenden eine bedeutsame Rolle. Da sei beispielsweise an Sankt Hubertus erinnert, der im Geweih eines Hirsches, der ihm vor den Bogen gekommen war, ein leuchtendes Kreuz erblickte, sich daraufhin zum Christentum bekehrte und den Zwölf- oder Sechzehnender verschonte. Verschont soll auch der wittelsbachische Kurfürst Maximilian einen Hirsch haben, der sich bei der Hetzjagd in den westlichen Auwäldern vor seiner Residenzstadt München in den Schutz des legendenumwobenen Gnadenbildes von Maria Eich flüchtete.

Nicht nur bei Hofe, sondern auch beim Volk – das natürlich nur sehr selten Gelegenheit hatte, „rechtmäßig" Wildbret auf den Tisch zu bekommen, standen Schmankerl aus der Artemis oder der Diana Reich hoch im Kurs. Nicht umsonst verschaffte das Kavaliersdelikt des Wilderns, des Wilddiebstahls also, dem Täter einst höchsten Respekt. Verachtung traf nicht den Wilderer, sondern allenfalls den Jäger, der ihn von hinten niederschoß oder den Gendarmen auslieferte.

Auf, auf zum fröhlichen Jagen,
auf in die grüne Heid!
Es fängt schon an zu jagen,
es ist die schönste Zeit!
Die Vögel in den Wäldern
sind schon vom Schlaf erwacht
und haben in den Feldern
das Morgenlied vollbracht.

Frühmorgens, als der Jäger
im grünen Wald ankam,
da sah er mit Vergnügen
das schöne Wildpret an.
Die Gamslein, paar um paare,
sie kommen von weit her,
die Rehe und das Hirschlein,
das schöne Wildbret schwer.

Das edle Jägerleben
vergnüget meine Brust,
dem Walde nachzustreben,
ist meine größte Lust.
Wir laden unsre Büchsen
mit Pulver und mit Blei.
Wir führen das schönste Leben:
Im Walde sind wir frei.

Was aber die höfischen Jagdfreuden anlangt, so gibt es in München ein gutes Beispiel dafür, wie hoch sie geschätzt wurden. Die Figur der Tellus Bavarica, die auf einem Tempelchen im Hofgarten den Reichtum des weißblauen Landes versinnbildlicht, trägt ein Hirschfell über dem Arm. Ihr Blick geht hinüber zu jener königlichen Residenz, von der eine höchst delikate Anekdote ihren Ausgang nahm.

Prinzregent Luitpold beteiligte sich, in greisem Alter, an einer Gamsjagd und mußte sich, nach ausgedehnter Brotzeitrast, aus naheliegenden Gründen in die Latschen zurückziehen. „Als er danach", schreibt Georg Fuchs, „zur Gesellschaft zurückkam, bemächtigte sich dieser ein jähes Erschrecken: die Knöpfe vorne an der Krachledernen standen offen, ohne daß der in bester Laune sich unterhaltende Monarch etwas davon ahnte." Nach lang anhaltenden Überlegungen, wie diese Peinlichkeit übergangen werden könnte, wurde ein alter Jagdmeister aktiv. Er warf einen mahnenden Blick in die Runde, griff sich selber an die delikate Zone und forderte die Jagdkollegen auf: „Wie wäre es, meine Herren, wenn wir jetzt alle unsere Hosentürl zumachten?" Na ja, die direkte Aufforderung zwang auch den hohen Herrn, die kritische Stelle zu überprüfen und den verräterischen Spalt zu schließen.

Zutaten Hirschbraten Sarvar:

- 1 Hirschschlegel,
- 2 große Zwiebeln, in Scheiben geschnitten,
- ½ Pfund Paprikaspeck,
- 2 EL süßer Delikateß-Paprika,
- ½ Tasse Tomatenmark,
- 1 Packung Sauerrahm

In da Näh is guat schiaßn
und in da Weiten guat lügn.

Zubereitung Hirschfleisch à la Prinzregent:

Das gut durchgebeizte Fleisch wird mit dem Suppengemüse und einem Stückchen Zitronenschale in dem mit einem Spritzer Essig aromatisierten Salzwasser weichgekocht. Aus einer hellen Mehlschwitze, die mit der Rinderbrühe angegossen und mit Weißwein abgeschmeckt wird, bereitet man eine Soße, die mit Zitronensaft, Muskat, etwas Beize und den Rosinen gewürzt wird. Darin muß das Fleisch noch etwa eine Viertelstunde köcheln. In Scheiben geschnitten, wird das Hirschfleisch mit der Soße serviert, mit reichlich Mandelstiften und eingekochten Weichseln garniert.

Zubereitung Hirschbraten Sarvar:

Hirschschlegel nach dem Beizen gut abtrocknen und alle noch vorhandenen Häutchen sorgfältig entfernen. In einer Bratpfanne mit reichlich Schmalz die Zwiebel hell anlaufen lassen. Den mit reichlich Paprikaspeck gespickten Hirschschlegel von allen Seiten rasch anbraten, den Paprika, das Tomatenmark, etwas Beize und etwas Wasser sowie den Sauerrahm dazugeben und langsam garen.

Der Koch des im Besitz des bayerischen Königs Ludwigs III. befindlichen Gutes Sarvar in Ungarn servierte als Beilagen Spätzle und Sauerkraut.

Zutaten Hirschfleisch à la Prinzregent:

- 1 Kilo Hirschfleisch vom Hals oder vom Blatt,
- reichlich Suppengemüse,
- etwas Essig,
- Zitronenschale,
- Salz,
- Rinderbrühe,
- Mehl,
- Weißwein,
- Muskat,
- Zitronensaft,
- 2 EL Rosinen

Gefüllte Brust und Rippenspeer

Wie der Erzengel Michael zum Lichtbraten kam

Regnet's sanft am Michaelstag, sanft der Winter werden mag.

Septemberregen ist dem Bauer gelegen; wenn er aber den Winzer trifft, ist er ebenso schlecht wie Gift.

St. Michael, der Engel mit dem Flammenschwert, war einst ein in der ganzen Christenheit hochverehrter Himmelsfürst, Streiter gegen Luzifer schon bei der Erschaffung der Welt, Wahrer des göttlichen Gebotes in der Stunde der Erbsünde, Beistand aller, die gegen das Heidentum und die Finsternis kämpften, Schirmherr vieler Fürsten, Träger der Seelenwaage beim Jüngsten Gericht, Begleiter der Dahingeschiedenen...

Was aber die Popularität dieses Engels allen anderen gegenüber so deutlich machte, war, daß durch alle Jahrhunderte der Glaube an sein Erscheinen lebendig blieb: Zu Zeiten Konstantin des Großen soll St. Michael sich dreimal im Jahr von den Himmelshöhen herabgelassen haben, um die vom ersten christlichen Kaiser aufgerichteten Kreuzes zu umwandeln. Eine heilkräftige Quelle bei Colossae wird seit Apostel-Tagen mit St. Michael in Verbindung gebracht, dreimal schließlich zeichnete der Engel den Monte Gargano mit seinem Erscheinen aus. Zum ersten Mal um einen weißen Stier zu schützen, der sich verirrt hatte und von seinem erzürnten Herrn getötet werden sollte, das zweite Mal, um während des Theoderich-Einfalles die Bewohner rund um den Gargano zu beschirmen und zum dritten Mal endlich, um den Ausbau der von ihm geheiligten Höhle, in der er seinen Fußabdruck hinterlassen hatte, zum Heiligtum anzuregen. Noch einmal soll sich, mehr als 1000 Jahre später, Michael auf dem Gargano im Süden Italiens gezeigt haben, um anno 1656 den Gläubigen den Schutz vor der Pest zu garantieren. Erscheinungen des Engels werden aber auch von der Engelsburg in Rom erzählt, von der Atlantikküste, wo der Mont St. Michele seinen Namen trägt.

Nicht nur in den Reichen des Ostens, auch in den deutschen Landen wählten viele Fürsten St. Michael zum Schirmherrn, trugen zahlreiche Männer seinen Namen. Grund genug, das Fest des Heiligen, am 29. September, gebührend zu feiern.

Der Termin des Michaeli-Tages wurde im jahreszeitlichen Ablauf auch zu einem Einschnitt voller Symbolik. Zu Michaeli, so heißt eine Bauernregel, hört das Gras zu wachsen auf,

Wenn der September noch donnern kann, setzen die Bäume viel Blüten an.

also mußte das Vieh wieder von der Weide, von den Almen in den Stall zurückgebracht werden und dies unter dem Schutz St. Michaels, des Patrons der Hirten und der Herden.
Vor allem aber war es der nun schon überdeutlich gewordene frühere Einbruch der Dunkelheit: Um sein Tagwerk vollenden zu können, mußte wieder Licht in den Stuben angezündet werden. Licht war kostbar, das Kerzenwachs teuer, Licht aber war auch ein Zeichen des Lebens, eine Hilfe gegen die winterlichen Dämonen, vor deren Erscheinen man Angst hatte. Grund genug, Michaeli, den „Lichtltag", ein wenig zu feiern, ganz sicher nicht ohne Mensch und Tier dem Schutz des mächtigen Engels anzuempfehlen.
Feiern, das hieß (und heißt) stets, etwas Besonderes auf den Tisch zu bringen, denn „Wo der Seele ein Fest bereitet wird, soll der Leib nicht darben". Und das galt eben auch, wenn sich die ganze Familie samt dem Gesinde um den Tisch versammelten, um die neu entzündete Kerze. Dann mußte der „Lichtbraten"

Der Leberknödel und der Semmelknödel,
ja die hams sie zertragn,
da hat der Leberknödel den Semmelknödel
vom Tisch abig'schlagn.

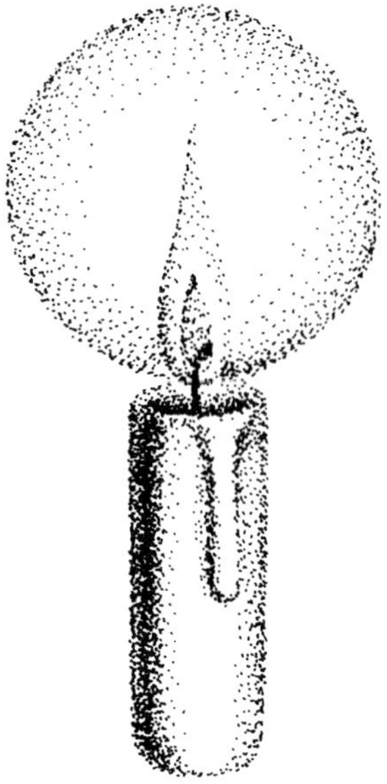

bereitstehen, Braten, also ein Fleischgericht, war eine Rarität, man wußte jeden Bissen gebührend zu schätzen.
Welches Stückchen des kostbar-teuren Eiweißträgers man zubereitete, hing vom Geldbeutel des Bauern ebenso ab wie von den örtlichen Gegebenheiten. Ob ein Huhn vom eigenen Hof, ein schweinernes Stückchen vom Metzger oder gar Kälbernes beim Wirt genossen: ein Braten mußte es sein, und sei er gewildert gewesen.

Wenn die Zugvögel nicht vor Michaelis wegziehen, so deutet das auf gelindes Wetter, wenigstens bis Weihnachten.

Die Kirch' dir anbefohlen ist, Sankt Michael!
Du unser Schutz- und Schirmherr bist. Hilf uns ...

Du bist der himmlisch' Bannerherr, Sankt Michael!
Die Engel sind dein Königsherr. Hilf uns ...

Groß ist dein' Macht, groß ist dein Heer, Sankt Michael!
Groß auf dem Land, groß auf dem Meer. Hilf uns ...

Den Drachen du ergriffen hast, Sankt Michael!
Und unter deinen Fuß' gefaßt. Hilf uns ...

O starker Held, groß ist dein' Kraft, Sankt Michael!
Ach, komm mit deiner Ritterschaft! Hilf uns ...

Beschütz mit deinem Schild und Schwert, Sankt Michael!
Die Kirch', den Hirten und die Herd'! Hilf uns ...

T: FRIEDR. V. SPEE (1591 – 1635) W: KÖLN (BRACHEL) 1623

Zubereitung Gefüllter Brustbraten:
Vom Bruststück — je nach Größe der Familie gewählt — läßt man beim Metzger die Rippen auslösen und in das Fleisch eine Tasche schneiden. Aus dem geschnittenen Brötchen bereitet man einen Teig wie zu Semmelknödeln und füllt damit die Tasche nicht allzu fest, denn die Masse muß Platz haben, aufzugehen. Dann wird die Öffnung mit Zwirn vernäht oder mit einem langen Holzspießchen zugesteckt. Die gefüllte mit Salz und Pfeffer gewürzte Brust wird etwa 90 Minuten bei guter Hitze geschmort und dann in schöne Scheiben aufgeschnitten.

Zubereitung Kräuterfüllung:
Die geschälten Äpfel werden aufgeschnitten und mit dem Öl weich gedünstet. Die feingewiegten, frischen Kräuter und die Gewürze, die zerkleinerten Sultaninen und Mandeln werden untergemischt und die Masse in die Fleischtasche gedrückt. Die Füllung ist für etwa 1 Kilo Fleisch berechnet.

Zubereitung Kasseler Rippenspeer:
Das Gemüse in Schmalz langsam anbräunen und etwa 10 Minuten dünsten lassen. Mit dem Bratenwender herausheben und die angebratenen Teilchen mit etwas Wasser lösen. Diese Brühe zusammen mit den Gemüsen und etwa drei Tassen Wasser in die Bratpfanne oder einen großen Topf geben, die zerstoßenen Wacholderbeeren und das Fleisch, mit der Fettseite nach oben, beigeben. (Den Hauptknochen läßt man am besten vom Fleischer jeweils zwischen den Rippen durchsägen.) In ca. $1\frac{1}{2}$ Stunden goldbraun braten, regelmäßig mit dem Bratenfonds begießen.
Zum Anrichten wird das Fleisch entsprechend der durchgesägten Knochen, in Rippchen aufgeschnitten, diese werden dann wieder so eng zusammengeschoben, als würde der Braten am Stück serviert.
Der Bratensaft wird durch ein feines Sieb abgegossen, mit dem in etwas Wasser angerührten Stärkemehl gebunden, und getrennt serviert.
Zum Rippenspeer wird in der Regel Sauerkraut serviert, das mit etwas Weißwein und Ananasstückchen gegart wurde.

Zutaten Gefüllter Brustbraten:

- ca. 1 kg Kalbs- und Schweinsbrust,
- Knödelbrot von 4 Brötchen,
- Milch,
- 2 Eier,
- Petersilie,
- Salz und Pfeffer

Zutaten Kräuterfüllung:

- 2 Äpfel,
- 1 Tasse Öl,
- 1 EL Majoran,
- 1 EL Salbei,
- 2 Petersilienwurzeln,
- $\frac{1}{2}$ EL Borretsch,
- $\frac{1}{2}$ TL Zitronenmelisse,
- 1 EL Petersilie,
- Salz,
- 1 TL Paprikapulver,
- 50 g Sultaninen,
- 50 g Mandeln

Zutaten Kasseler Rippenspeer:

- ca. $\frac{1}{2}$ kg Schweinerippe, mit den Knochen gekauft,
- 1 Tasse grob gehackte Zwiebeln,
- 1 Tasse grob geschnittene Gelbe Rüben,
- einige Wacholderbeeren,
- ein kleines Stück Selleriewurzel,
- 30 g Schweineschmalz,
- 2 TL Stärkemehl,
- kaltes Wasser

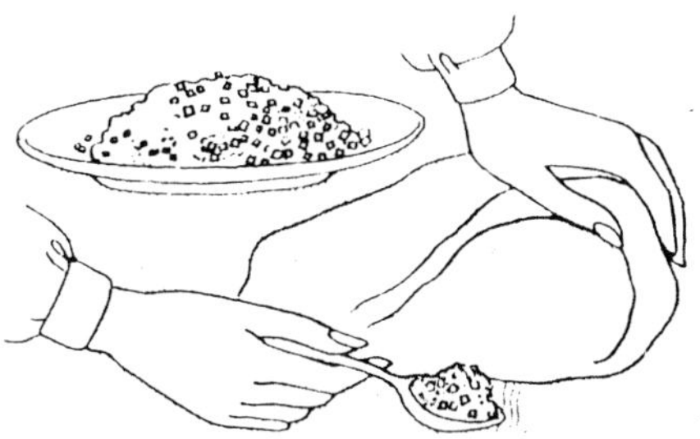

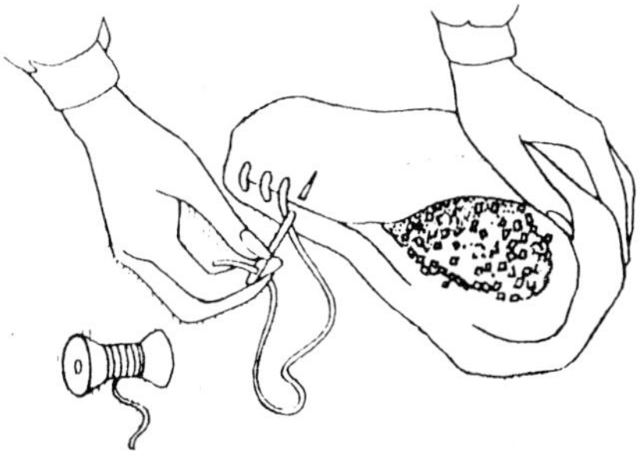

Powidl und Viermus

Wintervorrat mit Sommerduft

„Gschleckig bin i net",
sagt 's Madl,
„aber was guat is,
woaß i scho!"

Seine ganze süße Fülle breitet der Herbst vor uns aus — selbst in den heimischen Gärten, die von der Sonne nicht so verwöhnt werden wie die mittelmeerischen oder tropischen Landschaften, ist nun das Obst in Mengen gereift. Wer selber einen Pflaumen- oder Apfelbaum im Garten hat, wer in Waldnä-

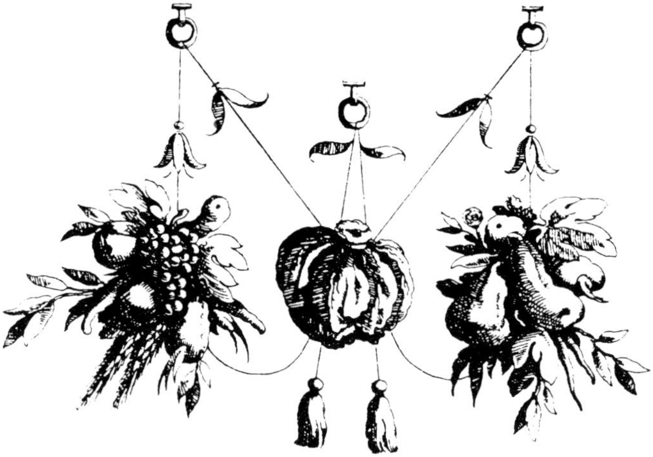

he wohnt und nicht nur Pilze, sondern auch Beeren sammeln mag, der wird selbstverständlich nun an den süßen Wintervorrat denken. Doch auch wenn man die Früchte kaufen muß, lohnt — bei entsprechender Wahrnehmung der Sonderangebote — durchaus die Überlegung, ob man Marmelade selber zubereiten soll.

Gewiß, es gibt rund ums Jahr unzählige Marmelade- und Geleesorten zu kaufen. Aber warum wohl haben es die naschhaften Wespen gar so wichtig, wenn irgendwo Marmelade im Topf vor sich hinbrutzelt — sie sind doch nur Vorreiter derjenigen, die sich am Frühstückstisch die Lippen lecken, wenn ein Glas „Selbstgemachtes" serviert wird. Nicht nur, weil man raffinierte Frucht- und Alkoholmischungen ausprobieren kann, die es nirgendwo zu kaufen gibt, sondern weil Hausgemachtes eben doch so individuell zubereitet ist, wie kein gekauftes Produkt.

Wird das Obst sehr langsam reif,
gibt's im Winter statt Eis
nur Reif.

Erdbeermarmelade mit ein paar feingehackten Stückchen frischen Ingwers beispielsweise, Aprikosenkonfitüre mit frisch gepflückten Blättern der Zitronenmelisse, Holundergelee mit Orangenschale, Pfirsichmarmelade mit Mandelsplittern — man muß es auf der Zunge gehabt haben, um zu wissen, welche Köstlichkeiten man versäumt, wenn

man sich die Arbeit des Marmeladekochens spart.
Und dort, wo etwa auf einen Diätpatienten in der Familie Rücksicht genommen werden muß, ist, angesichts der Möglichkeiten, zuckersparend oder mit Diätzucker zu arbeiten, das Selbermachen geradezu eine Pflicht der liebenden Betreuer.

Zubereitung Pommersches Viermus:
Die gewaschenen und sorgfältig verlesenen Preiselbeeren werden mit einem Teil des Zuckers (ohne Wasser) auf kleiner Flamme gekocht, nach etwa einer Viertelstunde gibt man die übrigen, sehr klein geschnittenen Früchte, den restlichen Zucker, ein klein wenig Wasser und die Gewürze hinzu. Zimt und Nelken bindet man am besten in ein Stückchen Mull, da sie nach einiger Zeit wieder entfernt werden müssen, um ihr Aroma nicht aufdringlich werden zu lassen. Die Früchte sollen weich werden, aber nicht ganz zerfallen. Das Viermus ist eine köstliche Beilage zu Wildgerichten oder Schmorfleisch, es kann frisch zubereitet serviert werden, ist aber, mit ein wenig Gelierhilfe versehen, auch gut haltbar.

Durch Septembers heitern Blick schaut manchmal der Mai zurück.

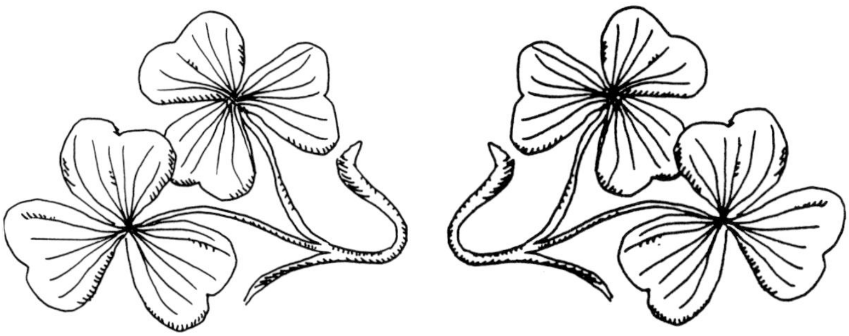

Zutaten Pommersches Viermus:

1 kg Preiselbeeren,
500 g Äpfel,
500 g Birnen,
500 g entsteinte Zwetschgen,
1,5 kg Zucker,
1 Stange Zimt,
5 Gewürznelken

Zutaten Hollergelee mit Orangen:

1 kg Holunderbeeren, gewaschen und von den Stielen gerebelt,
Saft von 4 und Schale von 2 ungespritzten Orangen,
1 kg Zucker (oder die entsprechende Menge Gelierzucker, Diätzucker, oder Zuckeraustauschstoff nach Gebrauchsanleitung),
etwas Rotwein

Zutaten Zwetschgenmus, Powidl:

3 kg entsteinte, zerkleinerte Zwetschgen,
1 kg Zucker,
Schale einer Zitrone, in breiten Streifen abgeschält,
2 große Zimtstangen,
1 Messerspitze Nelkenpulver

Zutaten Böhmischer Powidlkuchen:

500 g Mehl,
40 g Hefe,
¼ l lauwarme Milch,
125 g Margarine oder Butter,
2 Eier,
100 g Zucker,
1 Prise Salz,
abgeriebene Schale einer ½ Zitrone,
500 g Pflaumenmus (Powidl),
2 EL Zimtzucker

Zubereitung Holundergelee mit Orangen:
Holunderbeeren mit etwas Wasser verkochen und den Saft durch ein Tuch gut abtropfen lassen. Mit dem Orangensaft und evtl. etwas Rotwein zu genau einem Liter Flüssigkeit auffüllen, mit dem Zucker oder Gelierzucker gut vermischen, die Orangenschale hauchdünn abschneiden, so daß kein weißer Pelz daran haftet, in feine Streifen schneiden oder abreiben und zur Flüssigkeit geben. Das Gelee muß, vom ersten Aufschäumen an gerechnet, zehn Minuten kochen. Gelierprobe: Einige Tropfen der kochenden Flüssigkeit müssen, auf einen kalten Teller gegeben, sofort erstarren. Fließt die Flüssigkeit noch auseinander, einige Minuten weiterkochen. Verwendet man statt normalen Kristallzuckers Gelierzucker oder Zuckeraustauschstoffe, ist nach den jeweiligen Gebrauchsanweisungen zu verfahren.

Zubereitung Zwetschgenmus, Powidl:
Die Früchte, am besten im Mixer kurz zerkleinert, werden mit dem Zucker und den Gewürzen sprudelnd aufgekocht. Man kann das Zwetschgenmus auf kleinster Flamme einige Stunden fest kochen lassen, einfacher ist es, die Masse in den Bräter zu geben und über Nacht im Rohr bei etwa 80 Grad eindicken lassen. Das Rohr wird, damit die Flüssigkeit abdampfen kann, einen Spalt weit offen gelassen. Vor dem Einfüllen in Gläser werden die Zimtstangen und die Zitronenschale herausgefischt.

Zubereitung Böhmischer Powidlkuchen:
Der gegangene Hefeteig wird auf ein gut gefettetes Backblech verteilt, gleichmäßig dick ausgerollt, mehrfach eingestochen und nochmals zugedeckt zum Aufgehen beiseite gestellt. Dann die Teigplatte gleichmäßig mit dem Pflaumenmus bestreichen, die Zimt-Zucker-Mischung darüberstreuen und den Kuchen bei 200 Grad im vorgeheizten Rohr 30 bis 40 Minuten backen.

Die Kuchen sind gebacken,
wir hören den Ofen knacken.
Gebt uns ein Stückchen weißen,
wir wollen ihn schon beißen.
Gebt uns ein Stückchen dicken,
wir wollen uns drein schicken.
Und ist der Kuchen nicht geraten,
gebt uns ein Stückchen Schweinebraten.
Und ist die Kirmes noch nicht aus,
gebt uns einen ganzen Kuchen raus.

Spanferkel — eine zarte Delikatesse

Was Odysseus und die Senner gemeinsam haben

Der erste Genießer, von dem wir wissen, daß er sich an einem Spanferkelbraten delektierte, war Odysseus. Ihm soll, als er nach allen Irrfahrten endlich heimischen Boden betrat, der gastfreundliche Sauhirt Eumaios „mit weißem Mehl bestreutes, noch an den Spießen brutzelndes" Ferkelfleisch dargeboten haben. Fleisch am Spieß zu braten, war aber auch bei den Germanen üblich und sie werden das Fleisch von jungen Ebern — die als heilige Opfertiere und nahrhafte Mahlzeit gleichermaßen geschätzt waren — nicht davon ausgenommen haben. Und selbst mitten im heutigen Israel, am Berge Karmel, fand man neben menschlichen Skelettresten Teile von den Gerippen junger Schweine, die deutliche Spuren eines Bratvorganges aufwiesen. Heiliges Opfertier, und damit bevorzugter Festtagsbraten, war schließlich auch den Ägyptern das Schwein, und wahrscheinlich nicht nur ihnen. Das rituelle Verbot des orientalischen Kulturkreises, Schweinefleisch zu essen, reicht ja längst nicht so weit in die Vergangenheit zurück, wie man heute oft glaubt.

So wie Odysseus sich gefreut haben mag, mit dem Ferkelbraten endlich wieder heimische Kost genießen zu können, so wird es wohl auch manchem Senner gehen, der nach dem Almabtrieb, nach den sommerlichen Monaten der einfachen Alm-Kost, wieder einen ordentlichen Braten vor sich zu haben. Daß man am Tag eben dieses festlichen Almabtriebs heutzutage in manchen Orten des Allgäus Braten und Knödel sogar zu einem (touristenträchtigen) Wettessen serviert, ist keine allzu neumodische Erfindung. Feinschmäcklerische Gourmets und völlerische Gourmands hat es schon immer nebeneinander gegeben. In

September warm,
Oktober kalt.

Nach Septembergewittern
wird man im Hornung
vor Schnee und Kälte
zittern.

Septembermorgen

Im Nebel ruhet noch die Welt,
Noch träumen Wald und Wiesen:
Bald siehst du, wenn der Schleier fällt,
den blauen Himmel unverstellt,
Herbstkräftig die gedämpfte Welt
in warmem Golde fließen.

Eduard Mörike

Vor große Knödel
hat si' noch nia oaner
gforchten.

Gutes mostes hab ich vil
Wem ich dem geben wil
In disem monat solt du nit gon
Und solt zu der leber andern lon

der Anatomie einer Münchner Universität wurde lange Zeit beispielsweise der Magen eines jungen Mannes gezeigt, der ein ganzes Kalb auf einmal aufgegessen haben soll und der langbärtige Witz von jenem Vielfraß, der bei einem Wettessen den 25. Knödel nicht mehr schafft mit der Entschuldigung, bei der vormittäglichen Probe sei es noch mühelos gelungen, dieser Witz ist gewiß nicht aus der Luft gegriffen.
Das Spanferkel, so verlockend es auch schmecken mag, sollte eher zum Genuß als zum Schlemmen einladen. Sein zartes Fleisch, vor allem aber die knusprig gebratene Haut, sind Delikatessen, die heutzutage, da Viehzucht nicht mehr jahreszeitlich bedingt ist, bei allen möglichen festlichen Gelegenheiten serviert werden können. Begleitet von Semmel- oder Serviettenknödeln, von Kartoffelsalat mit untergemischten Gurken, von einer bunten Salatplatte. Ein Schlegelchen reicht gerade für die Familie, ein ganzes Ferkelchen paßt durchaus in die große Bratpfanne und wird von einer entsprechenden Freundesclique in geselliger Runde durchaus „bewältigt“, und selbst ein kleines Stück des preiswerten Halsgrats oder vom Bauchfleisch, fettfrei fast und auf der Zunge schmelzend, sichert für einen oder zwei Esser den delikaten Genuß und ist im Grill im Handumdrehen knusprig.

Tag, der den Sommer endet

Tag, der den Sommer endet,
Herz, dem das Zeichen fiel;
die Flammen sind versendet,
die Fluten und das Spiel.

Die Bilder werden blasser,
entrücken sich der Zeit,
wohl spiegelt sie noch ein Wasser,
doch auch dies Wasser ist weit.

Du hast eine Schlacht erfahren,
trägst noch ihr Stürmen, ihr Fliehn,
indessen die Schwärme, die Scharen,
die Heere weiter ziehn.

Rosen und Waffenspanner,
Pfeile und Flammen weit –
die Zeichen sinken, die Banner –
Unwiederbringlichkeit.

Gottfried Benn

Däumling hat ein Schwein gekauft,
Fingerling hat's nach Haus gebracht.
Langmann hat es totgemacht,
Ringling hat die Wurst gemacht,
Kleinmann hat sie aufgegessen.

Zutaten Spanferkel:

- Ferkelfleisch,
- Salz,
- Pfeffer,
- Rosmarin und/oder Thymian,
- Bratfett,
- Stärkemehl

Zutaten Serviettenkloß:

- Knödelbrot von 8 Semmeln,
- ¼ l Milch, knapp bemessen, heiß,
- 2 EL Zwiebeln und Petersilie, fein gehackt und mit 1 EL Butter angedünstet,
- Salz,
- 2 EL geriebener Schweizer Käse,
- 1 EL Mehl,
- 2 Eier getrennt

Zubereitung Spanferkel:
Das Spanferkel, im ganzen oder portioniert, wird sauber gewaschen, abgetrocknet, wird auf der „Hautseite" nur gesalzen, innen gesalzen und gepfeffert, in der Bauchhöhle geben ein Rosmarin- oder ein Thymianzweigerl köstliches Aroma. Diese Kräuter können, bei portioniertem Braten, auch feingerebelt über das Fleisch gegeben werden. In der Reine wird zerlassenes Bratfett gut erhitzt und das Fleisch darin von allen Seiten kurz gebräunt. Während des Bratvorgangs aufgehende Blasen sollten unbedingt angestochen werden. Die Soße wird nur mit ein wenig Stärkemehl gebunden und zu Semmelknödeln oder einem Serviettenkloß getrennt serviert.

Zubereitung Serviettenkloß:
Semmeln mit der heißen Milch überbrühen, zugedeckt kurz ziehen lassen. Salz und Gewürze sowie die Eidotter beigeben und durchkneten, zuletzt den Eischnee locker unterheben. Die fertige Masse auf eine feuchte Serviette geben, dem Topfdurchmesser entsprechend zur Rolle formen und, verknotet am Kochlöffel hängend, in Salzwasser etwa 30 Minuten kochen. Der fertige Serviettenkloß wird mit einem Faden in Portionsscheiben zerlegt und serviert.

Oktober

Das Laub beginnt sich zu färben, die letzte Kraft der Sonne bringt Süße in die Trauben, in alle Früchte, die nun noch am Baum hängen.

Erntedank und Kirchweih werden gefeiert, Danksagung für alle Gaben, die das Jahr gebracht hat, Danksagung aber auch für alle, die mitgearbeitet haben, daß die Ernte eingebracht werden konnte. Alles, was Küche und Keller zu bieten haben, kommt auf den Tisch, verbunden natürlich mit der entsprechenden Menge des „flüssigen Zubrotes". Was ungeahnte Kräfte in den Zechern weckt und sie zu allerhand derben Scherzen, zu kräftemessendem Spiel und handfester Gaudi mit dem „Weibervolk" verleitet.

Herbstliches Vergnügen ist nicht nur den Großen gegönnt. Kann man Kindern eine größere Freude machen, als auf einem abgeernteten Kartoffelfeld aus den dürren Strünken ein Feuerchen anzuzünden und darin ein paar Knollen zu garen? Der Duft, der über die Felder weht, läßt Träume wach werden, die vielleicht weit in die Menschheitsgeschichte zurückreichen.

Weit zurück in die Menschheitsgeschichte reichen auch die Bräuche der letzten Oktobernacht, da einst die Druiden, die weisen Männer der Kelten, ihre Erntefeste feierten. Wenn heute nicht nur die Kinder in angelsächsischen Ländern, sondern auch bei uns, Fratzen in hohle Kürbisse schneiden und sie von ihnen beleuchten um damit die Nachbarn zu schrecken, so halten sie wohl die Erinnerung daran wach.

Boeuf à la mode, Sauerbraten

Wenn Bayern und Preußen (fast) das gleiche lieben

Das geht nun schon seit vielen vielen Jahren: Bei jeder Umfrage nach dem Lieblingsgericht der Deutschen steht er ganz oben in der Hitliste, der Rheinische Sauerbraten. Manchem Süddeutschen bereitet freilich allein schon das Wort „Sauerbraten" Unbehagen, weil er die zur Soße unentbehrlichen Rosinen in Verbindung zum Fleisch nicht akzeptieren will. Doch bei Licht besehen sind der Rheinische Sauerbraten, das bayerische Boeuf à la mode – im Volksmund Böfflamott genannt –, das schwäbische Sauerfleisch enge Verwandte, die auf einen uralten, gemeinsamen Ahnen zurückblicken können, einen Stammbaum aus jenen Tagen, die man mangels anderer Konservierungsmethoden viele Fleischsorten, Wild ebenso wie Rind, oder – in Westfalen den Hammel – in einer Essigbeize über mehrere Tage frisch hielt.

Zubereitung:
Marinade aufkochen, abkühlen lassen und das Fleisch darin 2–3 Tage unter gelegentlichem Wenden gut durchziehen lassen. Für den Rheinischen Sauerbraten läßt man das sauber abgetrocknete Fleisch dann rundum scharf anbraten, begießt es mit der durchgeseihten Marinade und läßt es unter regelmäßigem Beschöpfen etwa 90 Minuten langsam braten. Für das „Böfflamott" kann das Fleisch auch nur in der vorher zum Kochen gebrachten Beize 90 Minuten garen.
Zum „Böfflamott", zum Sauerfleisch, bereitet man in einem großen Topf aus Mehl und Fett eine dunkle Einbrenne, in die man einige sehr feingewiegte Zwiebel gibt. Nach und nach die Essigbeize einrühren, so daß eine sämige Soße entsteht. Diese wird mit Salz, etwas Zucker und Zitronensaft abgeschmeckt. Für den Sauerbraten wird die Bratensoße, in der die Rosinen 15 Minuten lang mitgeschmort wurden, mit Lebkuchenbröseln angedickt, mit Salz, Pfeffer, Apfelkraut oder Sirup sowie saurer Sahne verfeinert.
In jedem Falle können Klöße (Knödel) aus gekochten Kartoffeln oder Semmelknödel dazu serviert werden, im Norden der Bundesrepublik aber auch Kartoffelpuffer und Apfelmus.

Ist Oktober warm und fein,
kommt ein scharfer Winter hinterdrein;
ist er aber naß und kühl,
mild der Winter werden will.

Zutaten:

- 1 kg Rindfleisch, von der Schulter, von der Nuß, vom Schlegel,
- 80–100 g Bratfett,
- zur Marinade: $\frac{1}{2}$ bis 1 l Wasser,
- $\frac{1}{4}$ l Essig,
- 1 TL Salz,
- 2 Zwiebeln,
- 1 Mohrrübe,
- 1 Lorbeerblatt,
- 2 Nelken,
- einige Pfefferkörner,
- 2 Wacholderbeeren
- (im süddeutschen Raum darf ein Stückchen Zitronenschale nicht fehlen, dafür verzichtet man auf die Wacholderbeeren.)

Hasenpfeffer, Hasenbrühe

Vom Mitleid der Bauern und der Wilderer

Sitzt im Oktober das Laub noch am Baum, so fehlt ein strenger Winter kaum.

Der Herbst und der Winter sind die hohe Zeit der Hasenjagd — und damit Saison für eine Delikatesse, mit der nicht nur Jägersfrauen und Fürstenköche ihre Gäste verwöhnten. Alten bayerischen Gerichtsprotokollen ist zu entnehmen, daß zu jener Zeit, da alles jagdbare

Wild, also auch der Hase, nur dem Grundbesitzer, meist den Klöstern und Herrschaftshöfen, gehörten und kein Bauer wagen durfte, es zu erlegen, merkwürdig viele Hasen sich „zu Füßen der Bauern geflüchtet" hätten und von diesen „mitleidig nach Hause genommen und im Topf gewärmt" worden seien. Wären diese Wilddiebe erwischt worden, hätte ihnen geradezu barbarische Bestrafung erwartet. Aber nicht nur das Verlangen, nach einem Stückchen Fleisch im Topf, sondern oft genug der blanke Hunger, ließen manch kleinen Mann zum Wilddieb werden. Und der Hase ließ sich leichter als anderes Wild in Schlingen fangen, unauffälliger nach Hause tragen als etwa ein Rehbock oder eine Gams.

Vom Kampf der Jäger gegen die Wilderer erzählen viele Geschichten und Spottlieder, und es sind gewiß nicht die Jäger, die dabei besonders gut wegkommen. Von der Beute ist dabei seltener die Rede, dafür gibt es um so mehr Gemälde, die von Küchenkunst und Gaumenfreuden erzählen, und der Hase fehlt nur selten auf diesen Genrebildern. Ehre, wem Ehre gebührt — und einem feinen Hasenbraten gebührt sie allemal.

Wenn Buchenfrüchte
geraten wohl,
Nuß- und Eichenbaum
hängen voll,
so folgt ein harter
Winter drauf
und fällt der Schnee mit
großem Hauf.

Hasen un Patriesen,
De schölt ju de Weg ter hen viesen;
Höner un Schnippen
Schölt up de Tafel wüppen;
Warm Beer
Willen wi hebben up unsr Pleseer;
Lange Pipen un beste Tabak,
Willen wi hebben up unse Gemak;
Een Last Beer un een Aam
Brandewien,
Dabie will wi freudig sien;
Vijolen, Seiden un Spill,
Will wi hebben up unse Will« usw.

Friesland

Zubereitung Hasenpfeffer:
Den Speck ausbraten bis er knusprig ist, auf Küchenkrepp entfetten und beiseite stellen. Das gewaschene und abgetrocknete Hasenfleisch salzen, pfeffern und in Mehl wenden, im gut erhitzten Speckfett von allen Seiten anbraten und beiseite legen. Bratfett bis auf einen Rest abgießen, darin Zwiebel und Knoblauch vorsichtig glasig dünsten, mit Wein und Brühe ablöschen, die restlichen Zutaten (mit Ausnahme des Zitronensaftes) beigeben, desgleichen das angebratene Fleisch und alles im gut verschlossenen Topf 60 bis 90 Minuten schmoren, je nach Größe des Tieres oder der Fleischstücke.
Vor dem Servieren die Soße abschmecken, mit dem Zitronensaft und, wenn nötig, mit Pfeffer würzen.

Kindlein willst du Suppe essen,
mußt das Blasen nicht vergessen.

Zubereitung Klöße:
Das Fleisch wird zusammen mit den Pistazien im Mixer zerkleinert, gewürzt, mit dem Eigelb und den Bröseln vermischt, so daß eine formbare Masse entsteht. Mit dem Teelöffel werden kleine Klößchen abgestochen, die man 5 Minuten ziehen läßt.

Zubereitung Klare Hasenbrühe:
Hasenknochen beim Auslösen eines Tieres zurücklegen oder im Fachgeschäft besorgen. Suppengrün in etwas Öl leicht anrösten, mit dem Wasser ablöschen. Knochen, Wacholder und Lorbeer sowie die Trockenpilze zugeben und etwa $1\frac{1}{2}$ Stunden langsam köcheln lassen. Sorgfältig abseihen, evtl. sogar durch Filterpapier laufen lassen, mit $\frac{1}{8}$ l Sherry abschmecken. Verwendet man Frischpilze, so werden diese entweder kleingehackt erst kurz vor dem Abseihen zugegeben oder, nach Geschmack, in feinen Scheibchen erst nach dem Abseihen eingelegt. Dann bleiben sie in der Suppe. Die Hasenbrühe wird mit Klößchen serviert, die man aus den Resten eines ausgelösten Hasenbratens herstellt.

Zutaten Hasenpfeffer:

- 2 kg Hasenfleisch, portioniert oder ein ganzer Hase von entsprechender Größe,
- 500 g kleingewürfelter, magerer Speck,
- $\frac{1}{2}$ TL Salz,
- $\frac{1}{2}$ TL Pfeffer,
- $\frac{1}{2}$ Tasse kleingehackte Zwiebeln,
- $\frac{1}{2}$ TL Knoblauch aus der Presse,
- je eine Prise Rosmarin, Thymian und Lorbeer,
- 50 g Mehl,
- 1 Spritzer Zitronensaft,
- $\frac{1}{4}$ l Rotwein,
- $\frac{1}{4}$ l Brühe,
- 1 TL Johannisbeergelee

Zutaten Klare Hasenbrühe:

- 500 g Wildknochen,
- 1 Zwiebel,
- 1 Bund Suppengrün,
- $1\frac{1}{4}$ l Wasser,
- Wacholder,
- Lorbeerblatt,
- 1 Beutel getrocknete Pilze oder Frischpilze

Zutaten Klöße:

- 150 g Hasenfleisch,
- 25 g Pistazien,
- 1 Eigelb,
- Brösel nach Bedarf,
- Salz,
- Pfeffer,
- Piment

Ente, Klöße und Hasenöhrl

Schmankerl zur Kirchweih, dem Hochfest des Bauernjahres

*A richtiga Kirta
dauert bis zum Irta*

*Ist die Kirbe dann vorbei
gibt es wieder Hirsebrei*

*Bringt Oktober Schnee
und Eis,
ist Januar nicht kalt und
weiß.*

Kirchweih, das Namensfest des Kirchenpatrons oder Jahrestag der jeweiligen Kirchenweihe, wird seit dem 3. Jahrhundert als rein religiöses, seit dem 9. Jahrhundert auch als weltliches Fest begangen, mit Märkten und Trinkgelagen in den Wirtshäusern, mit Musik und Tanz, mit Wettspielen und allerhand derben Späßen, vor allem aber mit einem reichgedeckten Tisch voller herzhafter Speisen. Waren doch im bäuerlichen Jahresrhythmus Kirchweih und Erntedank ein und dasselbe Fest.

Weil aber beinahe jedes Dorf an einem anderen Termin zur Kirchweih einlud, weil – wie manche Prediger klagten – „das ganze Jahr Kirchweih" war, die Gläubigen sich „allerlei Gottlosigkeiten und Unbotmäßigkeiten" herausnahmen und dementsprechend schwer zur Enthaltsamkeit, zum Kirchgang und zur Arbeit angehalten werden konnten, haben kirchliche und weltliche Obrigkeiten längst dafür gesorgt, daß seit dem frühen 19. Jahrhundert nur noch einmal im Jahr Kirchweih gefeiert wird, nämlich am dritten Sonntag im Oktober.

Jedenfalls in den katholischen Gegenden, viele evangelische Kirchengemeinden feiern das Fest noch immer am Jahrestag der Kirchensegnung, aber meist ohne alle weltlichen Umtriebe. Eine richtige Kirchweih sollte, glaubt man einem alten Bauernspruch, drei Tage dauern, vom Sonntag bis zum Dienstag abend. Heutzutage entspricht dies wohl mehr einem Wunschdenken, denn der Realität.

Überhaupt hat das Kirchweihfest — die Kirmes, die Kerwa, die Kirbes, der Kirta — viel von ihrem einstigen Glanz verloren, wo es — zum Ende der Erntearbeit — nach aller Plage endlich Erholung und Vergnügen bot, eigentliches Hochfest des Bauernjahres war. Manches Volksfest, das Kirmes heißt, erinnert wenigstens noch dem Namen nach an die einstigen Kirchweihmärkte oder Dulten, auf denen man seinen Winterbedarf für Haus und Hof decken konnte, wo man aber auch manchen Wunderheiler und Schausteller traf, Gaukler, Spaßmacher, Wurfbuden, Spielzeughändler und Zuckerbäcker, Bandlkramer und Karussells für die Kinder.

Ein paar Kirchweihdulten und Kirmesfeste gibt es noch im Land, wo aber — beispielsweise — findet sich noch eine Scheune, in der die jungen Leute auf drei, vier Meter langen Brettern bis zum Dachgebälk hinaufschaukeln können? Wo wird noch „der Kirchweih" — das herbstliche Pendant zum Maibaum — ausgegraben und von den Burschen ins Dorf geführt, von der Blaskapelle und der Freiwilligen Feuerwehr lautstark und tatkräftig unterstützt? Wo noch zieht die ganze Burschenschaft von Haus zu Haus durchs Dorf, um die Mädchen zum Tanz abzuholen? Was überall geblieben ist, ist die Sitte, den Kirchweihtisch besonders reichlich aufzudecken. Zwei- oder dreierlei Braten, eine Suppe mit drei oder vier Einlagen, eine braun gebratene Ente mit einer Schüssel voller dampfender Knödel und schmackhaftem Blaukraut. (Für alle, die den „Originalton Süd" nicht schätzen, dürfen es auch Klöße und Rotkohl sein.)

Zu Ende Oktober Regen, bringt ein fruchtbar Jahr zuwegen.

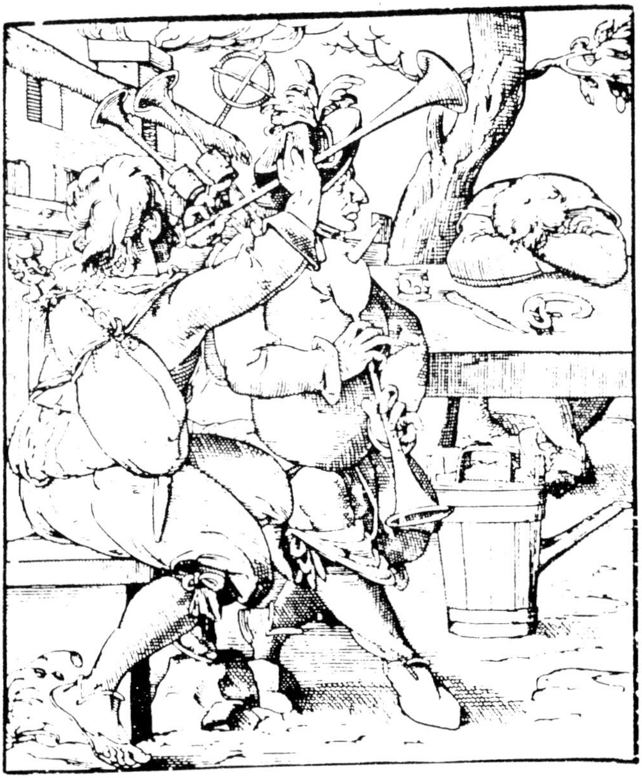

Bleibt's Laub am Ast, viel Ungeziefer zu fürchten hast.

Wann i a Musi hör,
kenn i koa Trauer mehr.
Zum Tanzl treibts mi hi,
weil i gern lusti bin.

Ist der Oktober kalt,
so macht er fürs nächste Jahr
dem Raupenfraß halt.

Eia, popeia! Die Breilein sind gut,
wenn man brav Zucker und Butter dran tut.
Zucker und Butter und Mandelkern
essen die kleinen Kinder gern.

Zutaten Hasenöhrl:

200 g Mehl,
Salz,
20 g Butter,
$\frac{1}{8}$ l Milch

Zutaten Schneeballen oder Storchennester:

120 g Mehl,
4 Eigelb,
2 EL saure Sahne,
1 EL Rum,
1 Prise Salz

Vor allem aber gilt es, gebührende Vorräte an Schmalzgebackenem bereitzuhalten. Kirchweih ist schließlich noch immer ein „Nachbarschaftsfest“, unangemeldete Besuche sind also an der Tagesordnung und müssen entsprechend bewirtet werden. Die „Ausgezogenen“ sind in Oberbayern, die „Kerwa-Kissla“ in Franken, die „Hasenöhrl“ im Hessischen, die übrigens schon 1534 in einem Tegernseer Kloster-Kochbuch beschrieben werden und sogar schon 1490 in der Nürnberger Küchenmeister-Inkunabel.

Zubereitung Schneeballen oder Storchennester:
Alle Zutaten zu einem mittelfesten Teig verarbeiten, eine halbe Stunde ruhen lassen, dann hauchdünn ausrollen und runde Flecke mit etwa 8 bis 10 cm Durchmesser ausstechen. Für die Schneeballen werden die Teigscheiben unmittelbar nach dem Einlegen ins Fett mit zwei Gabeln lose zusammengedrückt, so daß ein lockeres, etwa tennisballgroßes Gebilde entsteht, das nach dem Herausnehmen reichlich mit Puderzukker überstäubt wird.
Für die Storchennester werden die Teigflecke drei- bis viermal mit dem Teigrädchen so eingeschnitten, daß rundum ein etwa ein Zentimeter breiter Rand stehen bleibt. Durch die Teigstreifen flicht man einen Kochlöffelstiel, der erst herausgenommen wird, wenn der Teig im heißen Fett etwas fest geworden ist.

Zubereitung Hasenöhrl:
Milch und Butter werden aufgekocht und heiß zum Mehl gegeben. Der Teig muß sehr gut durchgearbeitet werden, dann dünn ausgerollt und zu langgezogenen Rauten geschnitten. In heißem Schmalz goldgelb gebacken und reichlich überzuckert, serviert man die Hasenöhrl noch heiß zum Kaffee.

Gig gag Hebermus,
die Gäns gen barfuß.
Sie legen große Eier
und schwimmen gern im Weiher,
sie fressen viel und schnattern viel,
gebraten sind sie mäuschenstill.

Zubereitung Thüringer Klöße:
500 g Kartoffeln werden in der Schale weich gekocht, noch heiß durch die Kartoffelpresse getrieben oder fein zerstampft. Die Semmel wird in kleine Würfel geschnitten und in der Butter gebräunt. Die restlichen Kartoffeln werden geschält und roh in eine Schüssel gerieben und in einem stabilen Tuch fest ausgepreßt. Die rohen und die gekochten Kartoffeln mischen, salzen, mit der kochenden Milch übergießen und zu einem glatten Teig vermengen. Nicht zu große Klöße formen und jeweils in die Mitte einige Semmelstückchen geben. In kochendes Salzwasser legen und 25 Minuten ganz leicht köcheln lassen.

Zubereitung Kirchweihente:
Die gut gesäuberte und trocken getupfte Ente wird innen und außen mit Salz eingerieben und gefüllt. Je nach vorhandenen Zutaten und landschaftlichem Geschmack kann dafür ein Gemisch aus Brötchen, Ei, Petersilie und den fein gewiegten Innereien der Ente verwendet werden, aber auch aus säuerlichen Äpfeln und Kastanien. Verzichtet man auf die Fülle, sollte ein Beifußstengel in den Entenbauch gegeben werden, der verbessert nicht nur den Geschmack, sondern erhöht auch die Bekömmlichkeit. In der gut vorgeheizten Röhre wird die Ente zuerst mit der Brust nach unten in den mit fingerhoch heißem Wasser gefüllten Bräter gegeben und unter den Schenkeln mehrfach eingestochen, damit das Fett abtropfen kann. Nach der Hälfte der Garzeit wird die Ente umgedreht und mehrfach in kurzen Abständen mit Bier (oder Salzwasser) bepinselt, damit die Haut möglichst knusprig wird.

Oktober und März
gleichen sich allerwärts.

„Schad, daß der Buckl
koa Bauch is",
hat 's Büabl auf der
Kirchweih gsagt.

Zutaten Kirchweihente:

1 Ente,
Salz,
Beifuß

Zutaten Thüringer Klöße (aus rohen und gekochten Kartoffeln:

1500 g Kartoffeln,
1 Semmel,
¼ l Milch,
10 g Butter,
Salz

Apfelkücherl

Reicher Vorrat ist dringend anzuraten

Zutaten:

8 große, säuerliche Äpfeln
Zitronensaft,
100 g Mehl,
3 Eigelb,
3 Eiweiß zu Schnee geschlagen,
1 Messerspitze Backpulver,
Salz,
$\frac{1}{8}$ l Milch oder Mineralwasser,
Backfett,
Zimtzucker

Wenn, wie das Sprichwort sagt, eine anständige Kirchweih drei Tage dauert, dann muß das kulinarische Angebot auch entsprechend vielfältig sein. Was unter den verschiedenen Schmalzgebäcksorten nicht fehlen darf, das sind die Apfelkücherl, die unter dem nobleren Namen Beignets nicht nur ein oberdeutsches, sondern ein internationales Schmankerl sind, für das sogar Frankreichs derzeit populärster Meisterkoch den Kochlöffel schwingt.

Die ersten großen Herbstäpfel, die Boskop oder Lederäpfel, sind für die kleine, feine Delikatesse gerade gut genug. Und herzhaft groß wie diese Äpfel sollte der Vorrat sein, den die Hausfrau bereitet, denn keiner der Kirchweihgäste, kommen sie geladen oder überraschend, wird versäumen, sie zu probieren.

Zubereitung:
Die Äpfel werden geschält, sorgsam vom Kernhaus befreit, in zentimeterdicke Scheiben geschnitten und kurz im Zitronensaft mariniert. Zwischenzeitlich wird ein dicker Ausbackteig hergestellt, den man am besten in eine flache Schüssel gießt. Die Apfelscheiben werden in den Backteig getaucht und in gut fünf Minuten beiderseits goldbraun in nicht zu heißem Fett gebacken. Vor dem Servieren mit Zimtzucker bestreuen.

Nach dem gleichen Rezept können auch frische oder getrocknete und aufgeweichte Zwetschgen oder Aprikosen sowie — im Frühsommer — Kirschen ausgebacken werden. Letztere nennt man dann Schweizer Kirschtütschli, die Zwetschgen hören auf die Bezeichnung Schusterbuben und die Aprikosen auf das zärtlichere „Waschermadl“, Schusterjungs und Wäscherinnen also. Je nach Landschaft — wie so vieles in der guten Küche.

Mit Allerheiligen und Allerseelen beginnt der triste November, mit dem Gedächtnis an alle Dahingeschiedenen, das Papst Gregor IV. schon im neunten Jahrhundert verbindlich für die ganze Christenheit für diesen Termin vorgeschrieben hat. Der Volkstrauertag, der Totensonntag, der Buß- und Bettag sind später dazu gekommen und prägen den düstersten aller Monate. Vom Totengedenken ist denn auch das Brauchtum bestimmt, Kerzen — als Sinnbild des ewigen Lichtes — werden auf die Gräber gebracht, Blumen als Symbol lebendiger Erinnerung. Ein zusätzliches Gedeck wird für die armen Seelen aufgelegt, ein Seelenwecken ihnen als Speisen offeriert, ein Feuer angezündet, damit sie bei ihren nächtlichen Besuchen nicht frieren. Peter Rosegger weiß von vielerlei Fürsorge zu berichten: keine offene Schere darf herumliegen, kein Messer mit der Schneide nach oben, keine Türe zugeschlagen werden, keine leere Pfanne auf dem Herd bleiben, auf daß keiner der heimlichen Gäste sich verletze. Und für jede Seele, die man erlösen wollte, galt es, ein Seelenwecklein zu essen.

Langsam nur kehrt die Fröhlichkeit zurück: zur Hubertusjagd wird geblasen, die Reiter wallfahrten, Dank und Bitte bringend, zu St. Leonhard, dem bedeutendsten aller Viehpatrone, bei den Martinsumzügen erhellen bunte Lampions die früh hereinbrechende Nacht und am Cäcilienfest, dem Tag der Hausmusik, dürfen endlich wieder fröhliche Weisen erklingen.

November

Seelenzopf und Klausenmann

Eine Totengabe für die Lebenden

Wenn's zu Allerheiligen schneit,
Halte deinen Pelz bereit.

Unter den vielen Gebildbroten, die im Jahreslauf des Küchen-Brauchtums eine bedeutsame Rolle spielen, darf natürlich der „Seelenzopf" nicht fehlen. Erinnern Kränze, Räder oder kugeliges Gebäck ebenso an Sonnen-Opfer wie an die Sehnsucht nach dem ewigen Leben, sie haben ja keinen Anfang und kein Ende, so ist der geflochtene Hefe-

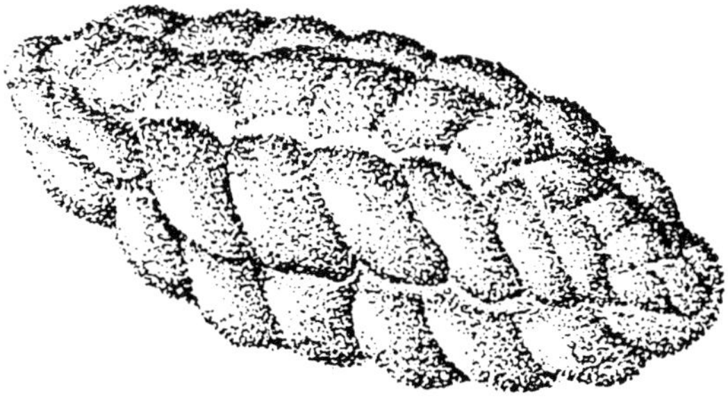

zopf (Grundrezept S. 59), der Haartracht der Frauen nachgebildet, ein Sinnbild des Menschen also und kann damit auf die Totenopfer der Vorzeit zurückgeführt werden.

Novemberdonner verspricht guten Sommer.

Totenopfer dieser Art waren bei den Ägyptern, den Griechen, den Germanen gleichermaßen üblich und stets dazu angetan, den Verstorbenen das Leben im Jenseits so angenehm wie möglich zu machen.

Natürlich sollen sich die Lebenden

I bitt' enk halt recht schö
Gebt's mir an Seelenkipf,
Gebt's ma fei an weiß'n
An schwarzen konn i net beiß'n.
Gebt's ma an langa
An kurzn konn i net G'langa.

nicht zu kurz kommen und deswegen ist es Jahr für Jahr am Allerseelentag Aufgabe der Patin, der „Frau God", den Patenkindern einen Seelenzopf, einen Seelenwecken zu spendieren. Männliche Paten dürfen die ehrenvolle Pflicht selbstverständlich auch an ihre Frauen weiterreichen und dort, wo der Pate nicht mehr am Leben ist oder nicht am Ort wohnt, dürfen die Großmütter als Spenderinnen einspringen.

Aus dem gleichen Teig können, nur wenige Wochen später, auch die Klausenmänner gebacken werden, die sich bei Paten- und Enkelkindern gewiß nicht geringerer Beliebtheit erfreuen.

Zubereitung:

Für beide Gebilde-Gebäcke sollte der Hefeteig nicht zu weich, dafür aber besonders locker aufgegangen sein. Vor dem Backen sollten die Figuren mit verschlagenem Eigelb bestrichen werden.

Zum Seelenzopf teilt man den Teig in drei gleich große Rollen, verbin-

det diese an einem Ende und flicht einen möglichst gleichmäßigen Zopf. Wer die Technik des Flechtens gut beherrscht, kann sich auch an einem vierteiligen Zopf versuchen, Kokosflocken... Das Backen und Verzieren sollte schließlich nicht weniger Spaß machen als das Verzehren dieses vorweihnachtlichen Präsents.

An Allerheiligen sitzt der Winter auf den Zweigen.

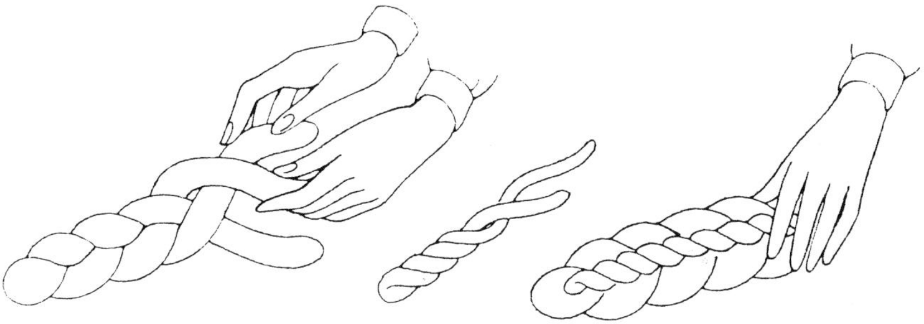

Wenn im November die Bäume blühn,
Wird sich der Winter lang hinausziehn.

zwei dreiteilige Zöpfe — einen kleineren und einen größeren — übereinanderarbeiten oder schließlich die Enden der Rollen dünner halten als die Mittelstücke und somit den Zöpfen ein besonders schönes Aussehen geben.
Mancherorts werden die Seelenzöpfe auch noch mit bunten Papierrosen, zuckergesponnenen oder kandierten Blüten geschmückt.
Bei der Herstellung der Klausenmänner ist längst nicht so viel Geschicklichkeit notwendig, wie es auf den ersten Blick erscheinen mag, dafür ist ein wenig Phantasie gefragt. Um den Kopf der Männchen zu formen, wird der Teig in Halshöhe ganz einfach eingedrückt, die Arme werden durch seitliche Längsschnitte markiert und abgebogen, die Beinchen entstehen, wenn man das untere Teigende spaltet und auseinanderbiegt. Rosinenaugen, Lippen aus einem Schnittchen Orangeat, Bäckchen aus Belegkirschen, Haare aus Mohn, Stiefelchen aus

Allerheiligen — Allerseelen

Heilige Schwermut, da trüber
Und tiefer die Sonne kreist,
Und von den Toten herüber
Vernehmlich redet der Geist,

Und jedes Blatt, wie zur Flamme
Unsterblichen Lebens verzehrt,
Schmerzlos gleitend vom Stamme
Den großen Frieden mehrt!

Schwer wandelt die Nacht durch
den Schlummer,
Da Gram sich mit Gram bespricht,
Bis endlich den wogenden Kummer
Zögernd begnadet das Licht.

Wer wird die Vergessenheit lohnen?
Die Gräber sind alle allein.
Aber der Heiligen Kronen
Schimmern im Nebelschein.

Allerheiligen-Reif macht zur Weihnacht alles steif.

Martinsgans

Vom mittelalterlichen Steuereintreiber serviert

Ist das Brustbein der Martinsgans weiß, so wird der Winter streng, ist es braun, soll es mehr Schnee als Kälte, ist es weiß, mehr Kälte als Schnee bedeuten.

Hängt's Laub in den November rein, wird der Winter lange sein.

Eine fromme Legende – für die Erfindung solcher Legenden gab es im frühen Mittelalter nicht wenige Spezialisten, die die Texte nicht nur erdachten, sondern vielfältig auch von einem Heiligen auf den anderen übertrugen, um den des Lesens und Schreibens unkundigen Gläubigen ein wenig „Theologie fürs Herz“ bieten zu können – eine fromme Legende also erzählt, Martin von Tours – Sohn eines römischen Offiziers und Patron der Bettler, der Geächteten – habe sich in einem Gänsestall versteckt, als er zum Bischof gewählt werden sollte. Diese Geste der Bescheidenheit freilich nützte Martin wenig: Das Geschnatter der Gänse verriet seinen Aufenthaltsort und Martin, der viel lieber ein büßender Einsiedler in der von ihm gegründeten

Mönchsgemeinschaft geblieben wäre, mußte Wahl, Würde und Weihe über sich ergehen lassen.
Der Brauch, zu Martini ein gebratenes Gänschen auf den Tisch zu stellen, wird gerne auf diese Legende zurückgeführt und vom Helmstedter Chronisten Henning Hagen auch anno 1413 erstmals erwähnt. Der Zusammenhang freilich dürfte ein wenig anders einzuordnen sein. Nicht umsonst heißt es nämlich in einem der vielen Texte und Lieder, die diesem überaus populären Heiligen gewidmet sind:

Sankt Martin ist ein harter Mann
für den, der nicht bezahlen kann.

Am Martinstag, dem 11. November, war das Erntejahr endgültig zu Ende, der letzte Krautkopf, die letzte Rübe eingebracht. Nicht nur der Bauer wußte nun, was in seiner Scheuer lag, sondern auch der Lehensherr. Und der kassierte zu Martini seinen Zehent, eine Naturalsteuer, die gewiß nicht weniger drükkend war als jene Summen, die uns heutzutage das Finanzamt abnimmt.
Federvieh, frisch geschlachtet und säuberlich gerupft, war aus den Zinslisten nicht wegzudenken, nicht bloß, weil Fürsten, Klosterköche und Prälaten den feinen Bissen wohl zu würdigen wußten, sondern vor allem, weil ein wenig Federvieh auch noch in der kleinsten Hütte gehalten werden konnte, dort, wo es weder Schweine noch Kühe oder Brotgetreide gab. Doch nicht allein die Zinstermine kosteten dem Federvieh das Leben zu Martini, sondern auch die Tatsache, daß die seit dem Frühjahr großgezogenen Tiere nicht über den Winter hin gefüttert werden konnten, also geschlachtet werden mußten. Und weil es in den stromlosen Zeiten des Mittelalters mit der Konservierung bekanntlich allerlei Schwierigkeiten gab, kamen die frischgeschlachteten Gänse eben gleich auf den Tisch und nicht erst, wie heutzutage, in die Tiefkühltruhe.
Ganz besonders geschätzt waren bei den hohen Herrn vergangener Zeiten übrigens die Gänse, die die unter ihrem persönlichen Schutz stehenden Mitbürger mosaischen Glaubens, die sogenannten „Schutzjuden“ ablieferten. Sie, denen uralte religiöse Vorschriften ja so vielerlei Fleischgenüsse verboten, galten — wie Conrad von Heresbach 1572 notierte — als „wunderbare Gänsemäster“. Diese Feinschmecker-Erfahrung dürfte ihren realen Hintergrund in der jahrhundertealten Tra-

dition der Geflügelzucht im ganzen orientalischen Raum gehabt haben, sind die Geflügelfarmen doch noch heute im modernen Staat Israel ein bedeutender Wirtschaftszweig und haben ja bekanntlich auch schon die

St. Martin setzt sich schon mit Dank zum warmen Ofen auf die Bank.

Ma muaß die Brocken net größer nehmen wia's Maul ist.

November tritt oft hart herein, braucht nicht viel dahinter zu sein.

Zutaten Bratgans nach Rieser Art:

1 mittelgroße, junge Gans,

1 großer, geschälter säuerlicher Apfel,

Würzgemisch aus 1 EL Salz, 1 knappem TL Pfeffer, 1 TL Majoran, 1 TL feinzerdrücktem Beifuß

alten Ägypter die Gänse hoch zu schätzen gewußt. Nicht umsonst finden sich in den Opferdarstellungen so vieler Grabreliefs Enten und Gänse ohne Zahl, bis hin zu einer der elegantesten Darstellungen der ägyptischen Kunst, den „Gänsen von Medum".

Märtens, Märtens Vöagelken,
Met dien vergülden Flöagelken,
Fleeg so wiet, bet an de Siet;
Doa kamm de groote Märtin,
Schlacht'n groot fett Schwien,
Doa kamm de groote Joakob,
Fratt all mit 'nmoal up.
Kloppen, kloppen, Ringelken,
Hier stoahn poar arme Kinnerken;
Geewft se wat, un loat se goahn,
Dät se hüt noch wieterkoamm.
Bet vör Noabers Döar,
Noabers Döar is nich wiet,
Appel un Beern sin all riep,
De Nöät, de mag ick gern.

Zubereitung:
Aus dem Inneren der gut gesäuberten, von allen restlichen Kielen befreiten Gans werden die großen Fettflomen entfernt, desgleichen die Flügel bis zum ersten Gelenk. Die Gans wird innen und außen mit der Gewürzmischung eingerieben, mit den halbierten Äpfeln so gefüllt, daß die Brust nicht einfällt. Zusammen mit dem vorher etwas zerlassenen Fett, den Flügelknochen, Herz und Magen in eine große Bratform gegeben zuerst die Brust nach unten. Die Form wird etwa einen halben Zentimeter hoch mit Wasser gefüllt. Unter regelmäßigem Begießen mit dem Bratsaft und gelegentlichem Wenden wird die Gans zunächst mit 150 Grad an- und dann bei 200 Grad fertig gebraten. Bratpfanne aus der Röhre nehmen, das Fett abschöpfen, die herausgenommene Gans damit sorgfältig mehrfach bestreichen und nachwürzen. Dann für wenige Minuten auf dem Rost bei 300 Grad unter den Grill schieben, damit sie schön knusprig wird. (Andernorts bestreicht man die Gans schon während des Bratens mit Salzwasser oder Bier, um den gleichen Effekt zu erreichen.) Traditionsgemäß wird die Martinsgans mit Blaukraut — auch Rotkohl genannt — und Kartoffelknödeln serviert.

Das bewußt einfach gehaltene Rezept stammt von den Rieser Bäuerinnen, es läßt zwar moderne Küchenraffinesse vermissen, bringt aber dafür den Eigengeschmack eines jungen Gänsleins um so besser zur Geltung.

1 Bratäpfel, eine Versuchung der nur schwer zu widerstehen ist

2 Die Gans, untrennbar mit der Legende des Hl. Martin verbunden

3 Linseneintopf, wenn es draußen richtig kalt ist schmeckt er am besten

4 Adventsbacken, Zeichen der Vorfreude auf Weihnachten

Martinshörnchen

Wenn der Schimmel ein süßes Hufeisen verliert

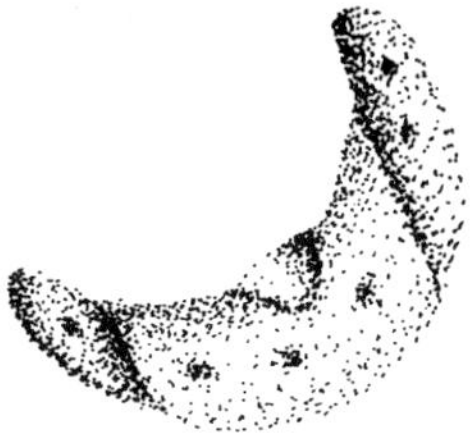

Zwei Wurzeln hat die Martinslegende, zwei Schlegerl hat die Martinsgans, zwei Freuden hält das frühwinterliche Fest für die Kinder parat.

Der Winter naht, Martini kommt!
Rückt her, ein warmer Herd uns frommt
und eine Gans recht knusprig fein.
Auch muß ein Martinshörnlein sein.
Der Schimmel fern im Nebel zieht...
Frisch Kinder, probt ein Weihnachtslied!

Dieses Gedicht von D. L. Kretschmer kannten und kennen nicht nur die schlesischen Kinder. Mit dem Hinweis auf das Hörnlein und den weißen Schimmel verbindet sich für sie eine Einladung zum Laternenzug, dem ein weißer Schimmel voranreiten soll. Auf einem weißen Pferd ritt einst, so will es eine der vielen Martins-Legenden, der junge, noch nicht getaufte Mann nach Amiens, wo er eben jenen frierenden Bettler traf, mit dem er seinen Mantel teilte, lange bevor er sich durch den heiligen Hilarius von Portiers taufen ließ und die niederen Weihen empfing.

Nach dem Laternenumzug, von dem die Kleinen spät und ausgefroren nach Hause kamen, gab es nach alter Sitte ein Martinshörnchen, das möglichst noch warm aus dem Backrohr kam. Es soll eine Erinnerung an das Hufeisen des Schimmels sein — falls nicht auch hier schon wieder ein wenig das Hufeisen von Wotans Pferd hereinspielt, der sich um diese Jahreszeit zur Wilden Jagd rüstet.

Zutaten zum Teig:

- 500 g Mehl,
- 40 g Hefe,
- $\frac{1}{8}$ l lauwarme Milch,
- 80 g Zucker,
- 80 g Butter,
- 1 Ei,
- abgeriebene Zitronenschale,
- Salz

Gab's zu Hause kein Martinshörnchen, so klopfte man eben an die Häuser und machte mit dem Bettellied „Hier wohnt ein reicher Mann, der uns was geben kann" seine Wünsche deutlich.

Ich geh mit meiner Laterne
und meine Laterne mit mir.
Dort oben leuchten die Sterne,
hier unten leuchten wir.
Mein Licht ist aus,
ich geh nach Haus.
Rabimmel, rabammel, rabum!

Zutaten zur Füllung:

- 2 Eigelb,
- 2 Eßlöffel Milch,
- groben Zucker,
- Zimt,
- 50 g Rosinen,
- 50 g Korinthen,
- 50 g geriebene Mandeln

Zur Dekoration:

- große Rosinen,
- Mandelblättchen

Zubereitung:
Hefeteig gut gehen lassen, zu langen Rechtecken ausrollen, mit in Milch verschlagenem Eigelb bestreichen, darüber Zucker und Zimt streuen, die Früchte und die Mandeln darauf geben, einrollen und in gleich lange Stücke schneiden. Diese zu Hörnchen geformt aufs Backblech legen, mit der restlichen Eimischung bestreichen, mit den Mandelblättchen bestreuen und große Rosinen als „Hufnägel" eindrücken. Bei 175 Grad knapp 30 Minuten backen, noch warm mit flüssiger Butter bestreichen und dick mit Puderzucker bestreuen.

Zutaten Breslauer Martinshörnchen:

- 500 g Mehl,
- 40 g Hefe,
- $^1/_8$ l Milch,
- 1 Ei,
- 1 knapper TL Salz,
- 60 g Zucker,
- 60 g Butter,
- 100 g Korinthen,
- Schale einer halben Zitrone,
- 1 Ei (getrennt),
- 150 g Butter als Ziehfett,
- Füllung:
- 125 g Marzipan-Rohmasse,
- 65 g Butter,
- 80 g Zucker,
- 2–3 Eigelb,
- 80 g Zucker,
- 1 Vanillezucker,
- 100 g Mehl

Zubereitung Breslauer Martinshörnchen:
Aus den Zutaten wird ein feiner Hefeblätterteig hergestellt, die Korinthen werden erst vor dem Ausrollen untergeknetet. Den Teig etwa 1 cm dick ausrollen, in Rechtecke von etwa sechs mal zwölf Zentimeter schneiden. Für die Füllung alle Zutaten mit Ausnahme des Mehls schaumig rühren, dann in das Mehl geben und nochmals gut durcharbeiten. Von der Füllung wird in die Mitte eines jeden Teigstückes ein Streifen gegeben. Eine Teigseite wird mit Eiweiß bestrichen, die andere darüber geschlagen und gut angedrückt. Hufeisenförmig zu Hörnchen biegen und mit der Nahtseite nach unten auf ein gefettetes Blech legen, gut gehen lassen, mit Eigelb bestreichen, ca. 40 Minuten backen und mit Puderzuckerguß bepinseln.

Maroni-Auflauf

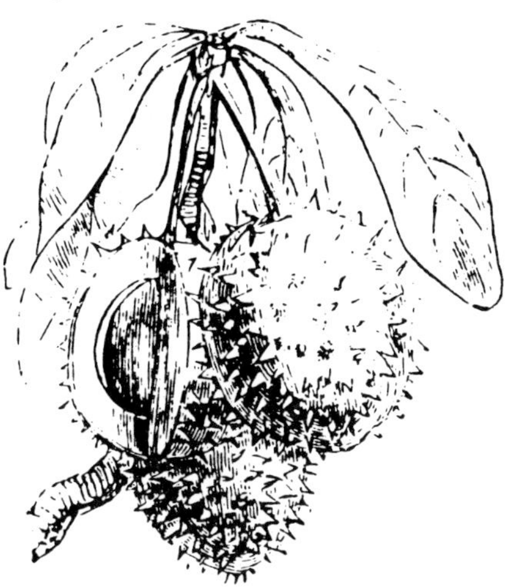

Maroni brauchen, wie die ersten Kirschen, die ersten Erdbeeren, keine Traditionen, keine besonderen Anlässe: sie sind einfach da und werden, trotz aller Kalorienängste, zum Verführer.

Bringt November viel Naß,
gibt's auf den Wiesen viel Gras.

„O Herr, wir haben unser Werk getan,
der Weinstock steht nun kahl.
Im Fasse gärt der Wein.
Uns ziemt es, dankbar nun zu sein.
Der Weingau bringt zum Erntedank
als Opfer die Sankt Urbanspende
und legt sie denen in die Hände,
die arm und alt, die schwach und krank."

Im November ist hinter jeder Staude ein anderes Wetter.

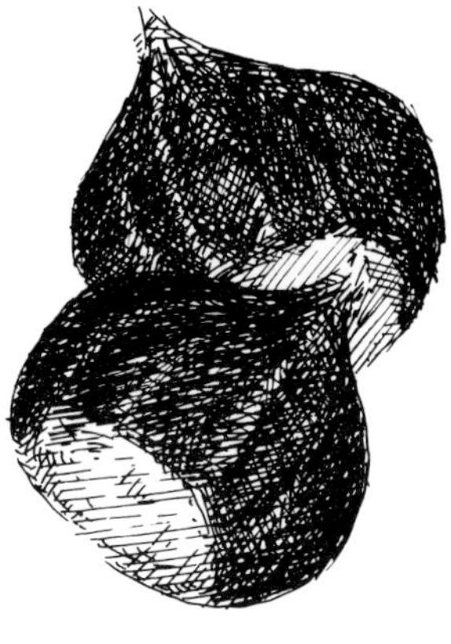

Brauchtum diktiert den Küchenkalender, nicht minder aber das Angebot der saisonfrischen Ware. Und dies ist keineswegs eine Mode unserer Zeit (in der ja fast alle Dinge, dank weltweiten Ex- und Imports, 52 Wochen im Jahr Saison haben). Schon in dem anno 1870 herausgegebenen „Regensburger Kochbuch" wird unter den „109 Rezepten für die feinere Küche ... eines fürstlichen Mundkoches" ein zwar kalorienreicher, aber auch besonders köstlicher Kastanienauflauf erwähnt. Und wen gelüstet es nicht, wenn die tiefbraun glänzenden Maroni im November erstmals auf den Markt kommen, sie zu rösten und zum jungen Wein zu genießen, sie auf der Straße zu kaufen und aus kleinen Papiertüten im Gehen zu knabbern?

Zubereitung:
Aus 70 g Zucker, 20 g Butter und zwei Eßlöffeln Wasser eine helle Karamelsoße herstellen. Die Kastanien kreuzweise einschneiden, im Rohr platzen lassen und schälen. Zum Karamel einen halben Liter süße Sahne und eine Vanilleschote geben, darin die Kastanien weich dämpfen, pürieren und durch ein Sieb streichen. Die restliche Butter, Zucker und die Eidotter schaumig rühren, Kastanien und Eischnee zugeben und in gut gebutterter Auflaufform 45 Minuten backen.
Dazu reicht man jungen Rotwein oder eine zarte Weinsoße.

Zutaten (Maroni-Auflauf nach dem alten Regensburger Kochbuch):

- 600 g Maroni (Eßkastanien),
- 150 g Zucker,
- 120 g Butter,
- 8 Eier,
- ½ Liter süße Sahne

Linsen mit „Spatzen"

Dafür verkaufte Esau sein Erstgeburtsrecht

*November naß,
bringt jedem etwas.*

*Ich wil scheyter hawen also vil
Seyd das der winter kommen wil
Mit seiner kelte also ser
Damit ich mich des frosts erwer*

Kalt ist es draußen, deftige Gerichte und Eintöpfe sind jetzt gefragt. Ob es wohl auch im Heiligen Land so kalt war in jenen Zeiten, von denen im ältesten Buch der Bibel, der Genesis, erzählt wird, daß Esau, der älteste Zwillingssohn des 60jährigen Isaak und seiner Frau Rebekka, um eines Linsengerichtes willen auf sein Erstgeburtsrecht verzichte?

„Einst kochte Jakob ein Gericht. Da kam Esau ganz erschöpft von der Steppe heim. Esau sagte zu Jakob: Gib mir doch schnell von dem Roten, dem roten da; denn ich bin ganz erschöpft. Deshalb nannte man ihn Edom. Jakob antwortete: Verkaufe mir zuvor Dein Erstgeburtsrecht. Esau erwiderte: Nun, ich muß ja doch sterben, was nützt mir da das Recht der Erstgeburt. Jakob aber sagte: Schwöre mir zuvor. Da schwur er ihm und verkaufte so sein Erstgeburtsrecht an Jakob. Darauf gab Jakob dem Esau das Brot und das Linsengericht. Der aß und trank, stand auf und ging hinweg."

Ein Erstgeburtsrecht muß heute wohl keiner mehr eines Linsentopfes wegen verkaufen, aber vielerorts geht noch immer der etwas leichtfertige Spruch um, man gebe um eines guten Tellers Essen wegen seine ewige Seligkeit dahin.

Für den Schwaben gilt dies vor allem, wenn zu den Linsen seine heißgeliebten Spätzle kommen, der Niederdeutsche möchte die Linsen mit Backpflaumen und Schinkenscheiben serviert bekommen, für den Franken sind die Linsen nicht von den „Schpotzn", den Spatzen, und die Spatzen nicht von den Linsen zu trennen.

*Novemberschnee tut den
Saaten wohl, nicht weh.*

Herbstentschluß

Trübe Wolken, Herbstesluft,
Einsam wandl' ich meine Straßen,
Welkes Laub, kein Vogel ruft —
Ach, wie stille! wie verlassen!

Herz, vernimmst du diesen Klang
Von den felsenstürzten Bächen?
Zeit gewesen wär es lang,
Daß wir ernsthaft uns besprächen!

Todeskühl der Winter naht;
Wo sind, Wälder, eure Wonnen?
Fluren, eurer vollen Saat
Goldne Wellen sind verronnen!

Herz, du hast dir selber oft
Wehgetan und hast es andern,
Weil du hast geliebt, gehofft;
Nun ist's aus, wir müssen wandern!

Es ist worden kühl und spät,
Nebel auf der Wiese weidet,
Durch die öden Haine weht
Heimweh; — alles flieht und scheidet.

Auf die Reise will ich fest
Ein dich schließen und verwahren,
Draußen mag ein linder West
Oder Sturm vorüberfahren;

Daß wir unsern letzten Gang
Schweigsam wandeln und alleine,
Daß auf unsern Grabeshang
Niemand als der Regen weine!

Nikolaus Lenau

Zubereitung
Linsen mit „Spatzen":

Linsen ein bis zwei Stunden vorweichen (bei geschälten Linsen entfällt dies). Die Linsen im Einweichwasser zum Kochen bringen und das kleingeschnittene Suppengrün beigeben. Die Linsen müssen bei mäßiger Hitze in etwa 40 bis 60 Minuten weichkochen. Der Räucherspeck kann mitgekocht werden oder wird, getrennt gegart, kleingeschnitten beigegeben. Die Zwiebel werden kleingeschnitten im Schweineschmalz angebräunt, desgleichen das später zugegebene Mehl. Die leichte Einbrenne wird in die Linsen gegeben, das Gericht mit Salz, Pfeffer oder dem Brühwürfel abgeschmeckt. Essig und Zucker sind Zutaten, die nicht jeder liebt und die man deshalb am besten gesondert serviert.

Zubereitung
Fränkische Spatzen:

Einen festen, aber sehr glatt abgeschlagenen Teig bereiten und eine halbe Stunde ruhen lassen. Dann mit dem Teelöffel Spatzen (Nocken, längliche Klößchen) abstechen, in Salzwasser aufkochen und noch 10 Minuten ziehen lassen.

Ist der November kalt
und klar,
wird trüb und mild der
Januar.

Zutaten
Linsen mit „Spatzen":

500 g Linsen,
1 Bund Suppengrün,
1 Zwiebel,
50 g Schweineschmalz,
1 EL Mehl,
Salz oder Brühwürfel,
Essig und Zucker nach Belieben,
Räucherspeck

Zutaten
Fränkische Spatzen:

$\frac{1}{8}$ l Milch,
30 g Butter,
1–2 Eier,
200 g Mehl,
Salz

Thorner Kathrinchen

Weihnachtsplätzchen ein Himmelsbrot?

Sitzt November fest im Laub,
wird der Winter hart, das glaub'.

Wenn's im November donnern tut,
wird das nächste Jahr recht gut.

„Sankt Kathrein", heißt es im Bauernkalender, „läßt den Winter ein", aber auch „Kathrein stellt den Tanz ein". Am Namensfest der Heiligen, dem 25. November, steht ja der Advent, die Zeit der besinnlichen Vorbereitung auf das Christfest, unmittelbar bevor, und mit den lauten Lustbarkeiten mußte es einst vorbei sein. Dafür buk die Hausfrau die allerersten Weihnachtsplätzchen, die den vergnüglichen Namen Thorner Kathrinchen tragen.
Katharina, neben Barbara und Margaret eine drei „der heiligen Madl", wird den vierzehn Nothelfern zugerechnet. Ihrer Schönheit wegen wird sie noch heute von den Pariser Näherinnen als Patronin verehrt, ihrer hohen Bildung und ihrer Gelehrsamkeit wegen auch von den Schülern und Philosophiestudenten, des Rades wegen, dem ihr zugeschriebenen Marterwerkzeug, schließlich auch von allen Handwerkern, die mit dem Rad zu tun haben, den Stellmachern und den Müllern vor allem.
Während ihres Martyriums soll Katharina, nachdem sie nackt mit Ru-

Ich will euch singen, will nicht lügen:
Ich sah drei gebratene Hühner fliegen,
sie flogen also schnelle,
sie hatten die Bäuche gen Himmel gekehrt,
den Rücken nach der Hölle.

ten ausgepeitscht worden war, zwölf Tage lang ohne Speis und Trank in einen finsteren Turm gesperrt worden sein. Man fand sie danach wohlauf, denn Engel hatten sie „mit himmlischem Brot" genährt — vielleicht ist zwischen der Legende und der Sitte, am Kathreinstag mit dem Plätzchenbacken zu beginnen, ein recht direkter Zusammenhang.

vermutlich das Rad symbolisieren. Auf gut gewachstem Blech zirka 15 Minuten bei 180 Grad backen und noch warm mit Zuckerguß bestreichen.

Standhaft geblieben im Glauben trotz aller Qualen sollte Katharina, die alexandrinische Königstochter aufs Rad geflochten und zu Tode gebracht werden, das Rad aber zerbrach, und die ihrer Schönheit wegen gerühmte Jungfrau starb unter dem Schwert. Engel sollen den Leichnam auf den Sinai getragen haben, wo ihr Name im ältesten orthodoxen Kloster, dem Katharinenkloster, noch heute lebendig ist.

Vom 12. Jahrhundert an wird die Legende in vielen Kultursprachen erzählt, manche Forscher aber meinen, sie erstmals in einem Münchner Passionale entdeckt zu haben, der „Passio Ecaterine virgine Dei".

Zubereitung:

Honig mit Zucker schmelzen und unter gelegentlichem Umrühren wieder erkalten lassen, dann Gewürze, Mandeln, Mehl und die im Rum aufgelöste Pottasche zugeben. Den Teig gut verkneten und mindestens einen Tag lang ruhen lassen, besser ist es, mit dem Ausformen und Backen bis zu einer Woche zu warten. Dann halbzentimeterdick ausrollen und mit speziellen, männchenartigen Formen oder zu runden Plätzchen ausstechen — diese sollen

Zutaten:

- 500 g Honig,
- 375 g Zucker,
- 375 g Mandeln,
- 750 g Weizen- oder Roggenmehl,
- 30 g Pottasche,
- je 1 Teelöffel gemahlener Zimt, gemahlener Gewürznelken,
- Kardamom,
- je ½ Teelöffel gemahlener Muskatblüte (Macis) und Muskatnuß,
- 1 Prise Salz,
- 1 großes Glas Rum

Dezember

Und werden die Tage nun noch einmal kürzer und kälter, die Gedanken hellen sich auf: St. Nikolaus kommt, ein erster Bote der Weihnacht. Die erste, die zweite, die dritte Adventskerze wecken mit ihrem Licht die Vorfreude auf das Kommen des Christkindes, auf die winterliche Sonnenwende. Alle Hoffnung gilt dem Licht, dem göttlichen, das die Welt erleuchten soll, dem irdischen, das langsam wiederkehrend die Erde erwärmen wird.

Präsente besorgen und liebevoll verpacken, Plätzchen backen in reicher Fülle, mit den ungeduldigen Kindern kleine Geschenke basteln — welche Hausfrau kennt nicht die Mühe — und die Freude —, die diese adventlichen Tage bringen. Bis endlich das letzte Fensterchen im Adventskalender aufgeht und leise Glöckchenklingeln verkündet, daß die Kerzen am Christbaum brennen, der Berg der Geschenke geplündert werden darf.

Der Monat, das Jahr klingt aus in einer geheimnisvoll-festlichen Nacht, die die einen mit lautem Jubel feiern wollen, die anderen still und besinnlich. Um nachzudenken über alles was geschehen ist, was mißglückte, was gelang, um Vorsätze zu fassen für die Zukunft, Träumen und Sehnsüchten nachzuhängen. Böllerschüsse, Glockenklang, Feuerwerk und Kracher sollen die Dämonen vertreiben und Raum schaffen für die guten Geister, die uns aus dem einen Jahr in ein neues geleiten mögen, aus einem Tag in den anderen, aus dem irdischen Leben in das himmlische.

Wer heute noch das aus unerfindlichen Gründen selten gewordene Glück erfährt, den Duft eines ofenfrischen Bratapfels zu erschnuppern, wird sich wohl unversehens in seiner Erinnerung als vergnügtes Kind wiederfinden, das ebenso ausgefroren wie herrlich müde vom Schlittenfahren nach Hause kommt und in Großmutters Stube das Brutzeln der Bratäpfel im Kachelofen hört. Mehr als akustische und optische Reize sind oft die Düfte dazu angetan, längst vergessen Geglaubtes in unser Gedächtnis zurückzurufen.

Bratäpfel, damals noch ohne alle raffinierten Zutaten, waren ein Mosaik-Steinchen in jenem vorweihnachtlichen Glücks-Puzzle, mit dem

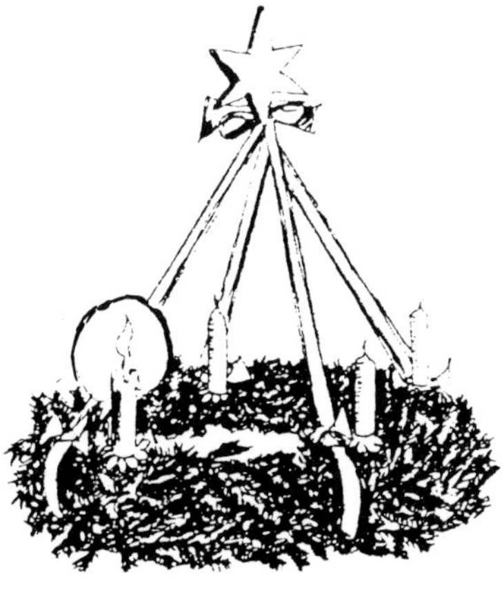

einst wohl jede Familie versuchte, den Advent zwar schlicht, aber doch besonders festlich zu gestalten. In wie vielen weihnachtlichen Erinnerungen mag wohl der Bratapfel seinen unnachahmlichen Duft verbreiten? Und auch die modernste „Großmutter" wird sich in glücklicher Erinnerung an eigene Kinderfreuden nur zu gerne daran machen, Enkelkinder, Gäste und Freunde mit dieser Köstlichkeit zu verwöhnen,

zumal der Bratapfel aus dem modernen Elektro-Bratrohr genauso duftend herauskommt, wie einst aus dem Kachelofen.

So freundlich die Erinnerung an den Bratapfel sein mag, so unfreundlich ist das Image des Apfels in den Sagen und Mythen der Menschheit, und auch im Sprachschatz findet der Apfel nicht nur zu freundlichen Bildern Verwendung. Vor allem ist da natürlich an Eva zu denken, die mit Hilfe eines Apfels ihren Adam zum allerersten Sündenfall verlockt haben soll — wie immer diese Urschuld des Menschen auch gewesen sein mag. Nicht umsonst heißt der gut sichtbare Kehlkopfknorpel des Mannes ja heute noch Adamsapfel. Zu denken wäre auch an den vergifteten Apfel, mit dem die böse Stiefmutter Schneewittchen zu ermor-

Dezember kalt im Schnee,
gibt Korn in jeder Höh.

Ist der Dezember wild mit viel Regen, dann hat das nächste Jahr wenig Segen.

Advent, Advent ein Lichtlein brennt, erst eins, dann zwei dann drei, dann vier, dann steht das Christkind vor der Tür.

den versuchte, wir reden vom Liebesapfel, vom Augapfel, vom Reichsapfel als einem Zeichen der Macht, das so schnell zum Zankapfel unter Fürsten und Völkern werden konnte.

Zum Zankapfel wurde der Apfel auch immer wieder unter den Göttinnen und Sagenhelden des klassischen Griechenlands. Frieden herrschte noch, als Dionysos, der freundlich genußsichtige, Aphrodite, der Göttin der Schönheit, den allerersten Apfelbaum zum Geschenk machte. Mit Hilfe der ersten Früchte dieses Baumes, dreier goldener Äpfel, gewann Melanion die schnellfüßige Atalante zur Frau. Kostbarkeiten aber erwecken Neid — und wer wollte angesichts der modernen Ernährungsforschung anzweifeln, daß der Apfel zu den kostbarsten Geschenken der Natur gehört, auch wenn wir die goldenen Varianten der Frühgeschichte nur noch selten zu Gesicht bekommen. Neid weckt Zwietracht und Eifersucht, beispielsweise unter den drei ranghöchsten

Göttinnen Hera, Aphrodite und Athene, denen Eris während der Hochzeitsfeier des Peleus und der Thetis einen goldenen Apfel zuwarf mit der Aufschrift „Der Schönsten". Paris fiel dann die undankbare Aufgabe zu, die Entscheidung unter den Bewerberinnen der göttlichen Schönheitskonkurrenz zu fällen. Er entschied sich für Aphrodite, die ihm für den Fall ihrer Wahl „das schönste Weib dieser Erde" versprochen hatte. Helena aber wurde zum Anlaß für den Trojanischen Krieg...

Es mußte der goldenen Äpfel viele gegeben haben, denn auch Gäa, die Urmutter allen Lebens, schenkte Hera zu ihrer Vermählung mit Göttervater Zeus drei davon, Herakles mußte die vom hundertköpfigen Drachen behüteten Äpfel der Hes-

periden aus dem Land der Hyperboreer holen ...
Nur in den nordischen Sagen darf der Apfel einen freundlicheren Ruf verteidigen. Dort gilt er als Speise der Asen, und Iduna selbst verwahrt ihn für besondere Gelegenheiten. Für die Germanen war der Apfel Sinnbild der nährenden Mutterbrust, weshalb er wohl nicht nur auf manchem Bild der christkindlsäugenden Gottesmutter zu finden ist, sondern auch als „Lustäpfelchen" noch heute eben diesen Teil der weiblichen Anatomie bezeichnet. Womit natürlich wieder ein — allerdings anfechtbarer — Bogen zu Evas Verführungskünsten geschlagen wäre. Anfechtbar, weil wenig einsichtig ist, daß Evas „Erbsünde" gar so kreatürlicher Art gewesen sein soll, wo sie doch einem ausdrücklichen Befehl ihres Schöpfers gehorchte, wenn sie ihren Adam animierte, „fruchtbar" zu sein.

Häslein im Dezemberschnee
labt sich Ostern am grünen Klee.

Kalter Dezember und fruchtbar Jahr
sind vereinigt immerdar.

Zutaten:

- 1 großer Apfel pro Person,
- Kandiszucker,
- Walnußkerne,
- ½ TL Butter pro Apfel,
- Johannisbeergelee oder Marzipan-Rohmasse,
- Butter für die Backform

Zubereitung:
Die einfachste Form ist Großmutters „Rezept" gut abgeriebene, säuerliche Äpfel, am besten Boskop, ins Rohr des Kachelofens legen und in milder Hitze garen. Das gleiche läßt sich natürlich im Elektro-Bratrohr erreichen, man legt die Äpfel dort aber besser in eine flache Auflauf- oder Pizzaform.
Ganz besonders delikat sind die Äpfel, wenn man zunächst mit einem Kernstecher das Kerngehäuse heraussticht, aber so, daß auf der Seite des Stiels noch ein Zentimeter des Apfels stehen bleibt. Die Höhlung kann noch ein wenig erweitert werden, ehe man sie mit kleinen Kandisbrocken, Walnußstückchen und etwas Butter füllt.
In den letzten Minuten der Bratzeit kann man noch einen Tupfer Johannisbeergelee oder ein Stückchen Marzipan draufsetzen.
Man brät diese Äpfel entweder in einer gebutterten Form oder umhüllt sie zu einem Drittel mit einer Form aus doppelt gefalteter Alufolie.

Hirsebratlinge und Hirsebrei

Ein Schutzwall gegen die Hungersnot

Trockener Dezember — trockener Sommer.

Donnert's im Dezember gar,
bringt viel Wind das nächste Jahr.

Hirse, ein naher Verwandter von Hafer und Gerste, zählt zu den ältesten Kulturpflanzen überhaupt, und — nach Jahrzehnten der Vergessenheit — im Zeichen der Vollwertkost, ist ihr in Zukunft wieder ein Ehrenplatz in den Kochbüchern sicher. Ursprünglich aus Zentralasien stammend, kam die Hirse über die Griechen und Römer in den mitteleuropäischen Raum. Vor allem in den östlichen Gebieten der einstigen Donaumonarchie durfte, als letzte der traditionellen neun Speisen, ein Hirsegericht im Weihnachtsmenü nicht fehlen. Jedes der winzigen Körner verhieß — wie der Mohn — schließlich reiche Ernte im kommenden Jahr …

Mit wursten und mit praten
Wil ich mein hauß beraten
Also hat das jar ein ende
Got uns in sein ewigs reich sende

Wie beliebt und geschätzt die Hirse im Speisezettel unserer Vorfahren war, belegt wohl am eindringlichsten

die Häufigkeit, mit der sie in der Märchenwelt Erwähnung findet: da kocht im Zaubertöpfchen ohne Ende der süße Hirsebrei, da ist das Schlaraffenland von einem schützenden Gebirge aus Hirsebrei umgeben — eine Anspielung vielleicht auf den Ausspruch Strabons, Hirse sei den Galliern ein „Schutzwall gegen die Hungersnot". Und auch jenes arme Märchen-Bübchen macht sein Glück, weil es das einzige Erbe, ein Hirsekorn, klüger behütet als Hans im Glück seinen Goldklumpen.

Jenes goldschimmernde Hirsekörnchen nämlich verschluckt der Gockel eines Bauern, dem der Buben ein Nachtlager gewährt hatte. „Der Hahn ist dein, hat er gefressen das Hirselein", sprach der gutmütige Gastgeber. Und so ging es weiter: Am nächsten Tag tötete ein Schwein das Federvieh und es hieß „Nimm hin das Schwein, es sei nun dein, hat's dir den Hahn erbissen". Das Schwein wurde von einer Kuh auf die Hörner genommen, und die Kuh erlag dem Hufschlag eines Pferdes. „Nimm den Hengst nun für die Kuh und den Zaum dazu!" sprach der

Edelmann, dem das Pferd gehörte und der Knabe ritt, nach vielen Heldentaten, zuletzt gar auf einen gläsernen Berg, wo er die verzauberte Prinzessin erlöste und neben ihrer Liebe auch gleich noch das ganze Königsreich gewann.
Ein Schälchen Hirsebrei mußte, vor allem in Schlesien, am Heiligen Abend „für die armen Seelen“ aufs Fensterbrett gestellt werden, zusammen mit den Nüssen und den Apfelringen, die die Wilde Jagd verköstigen und besänftigen sollte. Heidnisches Brauchtum an christlichen Feiertagen, das ist gewiß nicht die Ausnahme, sondern, wenn man genau nachforscht, eher die Regel.

Zubereitung Hirsebrei:
Für den klassischen Hirsebrei läßt man die gewaschene Hirse in die kochende Milch einlaufen. Mit Salz und Butter eine halbe Stunde aufquellen lassen und mit brauner Butter servieren oder mit Zucker und Vanille als süße Nachspeise zu Fruchtsoße reichen.

Advent

Es treibt der Wind im Winterwalde
die Flockenherde wie ein Hirt,
und manche Tanne ahnt, wie balde
sie fromm und lichterheilig wird,
und lauscht hinaus. Den weißen Wegen
streckt sie die Zweige hin — bereit,
und wehrt dem Wind und wächst entgegen
der einen Nacht in Herrlichkeit.
Rainer Maria Rilke

Zubereitung Hirsebratlinge:
Margarine erhitzen, Zwiebel darin andünsten, desgleichen die gewaschene und gut abgetrocknete Hirse, mit kochender Gemüsebrühe aufgießen, aufkochen lassen, im geschlossenen Topf bei niedriger Temperatur 20 Minuten weitergaren. Abkühlen lassen, mit Ei, Semmelbröseln und Gewürzen mischen, flache Bratlinge formen und knusprig braten. Als Beilage servieren oder mit Tomatensoße und Salat als Hauptgericht.

Zutaten Hirsebrei:

- $\frac{3}{4}$ bis 1 l Milch,
- 250 g Hirse,
- 50 g Butter,
- 1 Prise Salz

Zutaten Hirsebratlinge:

- 20 g Margarine,
- 1 kleine Zwiebel,
- 250 g Hirse,
- 600 ml Gemüsebrühe,
- 1 Ei, Vollkornbrösel,
- 1 Bund Petersilie,
- 1 Bund Schnittlauch, jeweils gehackt,
- Salz,
- Pfeffer,
- Kokosfett zum Ausbacken,
- Tomatensoße

Viel Wind und Nebel in Dezembertagen, schlechten Frühling und schlechtes Jahr ansagen.

„Als Kobold gut bin ich bekannt
in dieser Stadt und weit im Land;
das Hutzelbrot hab ich erdacht,
auch viel seltsame Streich gemacht."

Zweige schneiden an Barbara (4.), Blüten sind bis Weihnacht da.

Nicht von den hilfreichen Kölner Heinzelmännchen ist die Rede, sondern von ihren schwäbischen Vettern, den Hutzelmännern, und kein geringerer als Eduard Möricke war es, der ihrem freundlichsten Geschenk an die Menschen, dem Hutzel-, Kletzen-, Birn- oder Schnitzbrot, ein literarisches Denkmal setzte.

Eine der verbreitesten Konservierungsmethoden alter Zeiten, das Trocknen der Früchte, bescherte uns das winterliche Festgebäck, feinschmeckerische Künste machten aus den schlichten Urformen längst raffiniert gewürzte Leckereien, und das Brauchtum hat vielerlei Möglichkeiten entdeckt, den Zauber des Backwerks noch zu vertiefen.

Daß ein so altmodisches „Brot" weit mehr Mühe macht, als normalerweise die Hausfrau von heute aufwenden mag, versteht sich fast von selbst. Hat man aber die meist recht farblosen und trockenen Erzeugnisse erst einmal durchprobiert, die die meisten Bäcker unter dem ehrwürdigen Namen verkaufen, dann wird man doch gern die Arbeit auf sich nehmen. Oder sich zumindest eine Freundin suchen, die einem ein Wecklein, ein Laibchen davon alljährlich etwa als Nikolausgabe präsentiert. Sollte man sie gar unter den Stuttgarterinnen finden, so hat man Gewähr für die allerköstlichste Variante, denn die dort überlieferten Familienrezepte bleiben unübertroffen. (Frischobst-Liebhaber, die Trockenfrüchte nicht so sehr schätzen, können sich einmal an Apfelbrot versuchen, das allerdings nicht haltbar ist.)

Durfte einst das Birnenbrot, das Kletzenbrot — Kletzen und Hutzeln sind die mundartlich-süddeutschen Namen für die getrockneten Birnen — erst am Thomastag, dem 21. Dezember, gebacken werden (einem Lostag für die Liebesleut und die Unverheirateten) und mußte zu Se-

bastiani am 20. Januar aufgegessen sein, so ist es heute ein beliebtes Adventsgebäck, das St. Nikolaus im Gabensäckchen führt. Und Weihnachten ist meist kein Bröselchen mehr übrig.
Mit Bändern, Schleifen und Papierblumen verziert schenkten die Mädchen kleine Wecken jedem Burschen, der ihnen den Hof machte, schnitt aber ein Mädchen ihren Wekken an und gab dem Freier das „Scherzl“, den knusprigen Anschnitt, so wußte der, daß seine Werbung akzeptiert und der Heiratsantrag erwartet wurde.
Je nach der bäuerlichen Rangordnung hatte natürlich auch das Gesinde Anspruch auf eine entsprechend große Zahl von Wecken — oder auf verschieden große. Auch den Klöpflesgehern, den Perchten, die in den vorweihnachtlichen Losnächten heischen oder glückwünschen kamen, die an die christliche Herbergsuche ebenso erinnerten wie an das Toben winterlicher Dämonen und Hexen, stand ein Stückchen des früchtereichen, saftigen Gebäckes zu. Wollte oder konnte man kein fertiges Hutzelbrot verschenken, so bekamen die gabenheischenden Kinder oder Burschen wenigstens die Zutaten in ihr Säcklein, damit auch ihnen die Vorweihnachtsfreude sicher sei. Nicht nur vom Nikolaus forderten sie ganz unverblümt „Äpfel, Birnen, Schnitz und Nuß / Mach uns nur doch kein Verdruß.“

Kletzn raus! Kletzn raus,
Oder mir schlagn a Loch ins Haus.
Wollt's uns nix gebn,
Tean ma an Zaun umlegn,
D' Henna daschlagn
Und an Gockl no verjagn.

Wir ziehen daher, spat in der Nacht,
Und wünsch ma dö Hausleut a gruahsame Nacht,
Mir wünsch ma an Bauan an goldenen Wagn,
Daß er mit der Bäuerin in Himmi kon fahrn.
Mir wünsch ma der Bäurin vuitausadmoi Glück,
Daß eam koan Henndl, koa Haxerl obricht.
Mir wünsch ma an Roßknecht vui tausadmoi Glück,
Daß eam koa Roß am Howan dastickt.
Mir wünschn an Untaknecht vui tausadmoi Glück,
Daß eam bein Nachtgeh koa Loata zambricht.
Mir wünschn da Dirn a goldane Wiagn,
Und an kloan Buam soll's dazua kriagn.
Mir wünschn da Unterdirn vui tausadmoi Glück,
Daß ihr beim Abspülen koa Haferl net bricht,
Mir stengan scho lang auf'n eiskalten Stoa,
Hätt ma a Sackl zon Kletzn neitoa.
A Sackerl voll Kletzn und a schüssl voll Birn,
Daß mir auf Weihnachtn a Kletznbrot kriang.
Mir hörn dö Schüssl scho aussaklinga,
Iatzt werd uns dö Bäuerin 's Kletznbrot bringa.
Iatzt pfüat dö Gott, Bäurin,
Mir müassn wieda geh,
Für dös, was ma kriagt ham,
Bedank ma uns schö.

Zutaten Kletzenbrot:

- 750 g Trockenfrüchte (Dörrbirnen, getrocknete, entsteinte Pflaumen, getrocknete Feigen),
- 250 g Rosinen und Korinthen,
- 250 g Walnüsse und Haselnüsse gemischt, nicht zu klein gehackt,
- 100 g Zitronat,
- 50 g Orangeat,
- 125 g Zucker,
- Saft einer Zitrone,
- ½ TL Zimt,
- ½ TL Nelken,
- 1 Schnapsglas voll Rum, Birnen- oder Zwetschgenschnaps,
- 150 g blanchierte Mandeln,
- 500 g Schwarzbrotteig vom Bäcker oder selbstgemachter Brotteig

Zutaten Apfelbrot:

- 1 kg Äpfel,
- 500 g Zucker,
- 500 g Feigen,
- 250 g Nüsse,
- 200 g Sultaninen,
- 1 Gläschen Rum,
- 1 Messerspitze Zimt,
- 1 Messerspitze Nelken,
- ½ Päckchen Lebkuchengewürz-Mischung,
- 3 Eier,
- 1 kg Mehl,
- 2 Päckchen Backpulver,
- 2 EL Kakao

Zubereitung Kletzenbrot:
Das Dörrobst wird entsteint, entstielt, grob zerschnitten und bleibt über Nacht mit wenig Wasser zum Quellen stehen. Anderntags im Sieb etwas abtropfen lassen und trockentupfen. Auch die gewaschenen Rosinen müssen gut abgetrocknet werden. Alle Früchte, die Hälfte des Zitronats und das Orangeat, Zucker, Gewürze und Alkohol vermischen und zugedeckt noch etwas ziehen lassen.

Dann nach und nach mit den Händen in den vom Bäcker geholten Brotteig oder selbstgemachten und gut aufgegangenen Brotteig kneten. Vom Brotteig so viel zurückbehalten, daß die zum Wecken geformte Masse darin eingeschlagen werden kann. Für die Hülle muß der Teig mit etwas Mehl fester geknetet werden. Den Wecken auf dem gefetteten Blech nochmals gehen lassen, mit der Früchtebrühe bestreichen, mit den halbierten Mandeln und dem restlichen, in feine Streifen geschnittenen Zitronat verzieren. Rohr auf 230 Grad vorheizen, Hutzelbrot einschieben, bei reduzierter Hitze (175 Grad) in etwa einer Stunde backen und nochmals mit Brühe bestreichen.

Zubereitung Apfelbrot:
Die kleingeschnittenen Äpfel und Feigen, die gehackten Nüsse, die Sultaninen werden mit dem Zucker, dem Rum, den Eiern und den Gewürzen vermischt und müssen einige Stunden gut durchziehen. Dann verknetet man sie in das mit Backpulver und Kakao vermischte Mehl, formt Brotlaibe und backt diese bei 175 Grad etwa eine Stunde. Erkaltet mit Zuckerglasur bestreichen.

Lebzelten und Honigkuchen

Honig und Gewürze zu schmackhaften Lebzelten zu verbinden, das bedeutete doppelten Segen, doppelte Heilkraft. Der Honig, „Himmelstau und Götterspeise" in ältesten Zeiten, aber auch Opfergabe, war als Konservierungsmittel so bewährt, daß man in Kleinasien, bei den Assyrern und den Spartanern vor allem, sogar zur Mumifizierung der Leichen verwandte. Aber auch Gewürze gab man, und zwar in reichlichem Maße, den toten Pharaonen mit ins Grab, damit sie im Jenseits dieser Annehmlichkeit nicht entbehren mußten. Jüngst erst wurde unter den vergessenen Schätzen eines Londoner Museums die reiche Fülle an Gewürzen wiederentdeckt, die einst bei der Öffnung des Grabes von Tutenchamun gefunden worden waren.

Herodot, rund ein halbes Jahrtausend vor Christus, notierte, daß die Athener allmonatlich der Stadtgöttin Pallas Athene Honigkuchen opferten, Theokritos schreibt von Honigkuchen aus feinstem Weizenmehl, Gewürzen, Honig und Wasser, die man zu Alexandria dem Gott Adonis darbrachte, von Pausanias wissen wir, daß man den Toten Honigkuchen mit ins Grab gab, damit sie auf dem Weg in die Unterwelt, Dämonen und Schlangen, vor allem aber den Höllenhund Kerberos besänftigen konnten.

In unseren Breiten galten reiche Gewürzmischungen als Vorbeugungsmittel gegen die mittelalterlichen Seuchen, die Pestilenz, die Cholera und das „hitzige Fieber". Gewürze stärkten die Abwehrkräfte, meist nach dem Motto „Viel hilft viel". So bestellte beispielsweise während der Pestzeit im 15. Jahrhundert allein die Hildesheimer Herrengesellschaft fünf Pfund Ingwer für ein einziges Gericht.

Eine Fülle von Eintragungen in alten Chroniken — die früheste im 11. Jahrhundert aus dem Kloster Tegernsee — und die unterschiedlichsten Rezepte zeugen vom weitverbreiteten Genuß der Honigkuchen, der Lebzelten. Aber auch vom hohen Ansehen, welches das anerkannte Handwerk der Lebzelter, die Zunft der Lebkuchenbäcker genossen. Nicht zuletzt in der freien

Dezember lind,
der Winter ein Kind.

Reichsstadt Nürnberg, wo einerseits die Importe der Handelsherren, der „Pfeffersäcke“, dafür sorgten, daß die begehrten exotischen Gewürze (fast) immer in ausreichendem Maße greifbar waren, auch Zucker, der schon früh aus dem indischen Zuckerrohr raffiniert wurde, wo aber zum anderen auch die Naturalrechte Kaiser Karls IV. den Nürnberger Zeidlern erlaubten in „des Deutschen Reiches Bienengärtlein“ ihre Immen fliegen und sammeln zu lassen, ihren Honig zu ernten.

Neben doppelt gebackenen Lebkuchen, die besonders haltbar waren und meist als Soßen-Bindemittel verwendet wurden, gab es schon im frühen Mittelalter die Sitte, Lebkuchen zu verschenken. Und das nicht nur zur Weihnachtszeit.

Lebkuchenherzen gibt es ja auch heute noch auf allen Dulten, Märkten und Volksfesten, sie dienen Liebenden und Verliebten als offenkundiges Symbol. „Willst Du Dein Herz mir schenken…“ Doch nicht nur Herzen, sondern auch Fatschenkindl, Reiter und Spinnerinnen, Heiligenfiguren und Tierformen aller Arten, Blüten und Buchstabiertafeln gab es – als feinstgeschnittene Modeln nämlich, in die – ähnlich den Printen – der Lebkuchenteig gedrückt wurde.

Gesegneten Abend, wir treten ein,
Wir hätten gern ein Gläslein Wein.
Ein Gläslein Wein ist nicht gnua,
Ein Trumm vom Zeltn ghört auch dazu.

Je dunkler es überm
Dezemberschnee war,
je mehr leuchtet der
Segen im nächsten Jahr.

Zubereitung Lebkuchenherz:
Mehl, Backpulver, Mandeln und alle Gewürze in einer großen Schüssel gut durchmischen. Eier und Zucker schaumig rühren, Butter und Honig langsam dazugeben, die Mehlmischung in kleinen Partien unterarbeiten und den Teig auf dem bemehlten Backbrett gut verkneten. Je nach Geschmeidigkeit kann noch Mehl untergearbeitet werden, ist der Teig zu fest, wird tropfenweise Rosenwasser (oder Milch) eingearbeitet. Etwa ½ Zentimeter dick ausrollen, Herzen ausstechen und mit den halbierten Mandeln Muster auflegen. 10 Minuten bei mittlerer Hitze backen, noch heiß mit Zuckerglasur bestreichen.

Zutaten Lebkuchenherzen:

- 700 g Mehl,
- 400 g Farinzucker,
- 150 g Mandeln grob gehackt,
- 6 EL Honig,
- 3 Eier,
- 100 g Butter,
- ½ TL Nelken,
- 1 TL Zimt,
- ½ TL Kardamom,
- 1½ Päckchen Backpulver,
- bei Bedarf: Rosenwasser oder Milch,
- zur Garnitur 200 g Mandeln blanchiert,
- Puderzucker

Zubereitung Honigkuchen:
Honig, Zucker und Milch so lange vorsichtig erhitzen, bis sich der Zukker ganz gelöst hat. Mehl, Mandeln, Backpulver und alle Gewürzzutaten in einer großen Schüssel gut vermischen, die warme Honigmischung unterrühren und so lange schlagen, bis der Teig glatt und geschmeidig ist. Auf einem gefetteten und bemehlten Blech wird der Kuchen etwa 20 Minuten gebacken, bis er sich fest anfühlt. Nach etwa zehn Minuten wird der noch warme Kuchen in Quadrate oder Rauten geschnitten und vor dem Verzehr einige Tage in Alufolie gepackt.

Zutaten Honigkuchen:

- 560 g Mehl,
- 250 g Mandeln grob gehackt,
- 400 g Honig,
- ¼ l Milch,
- 100 g Zitronat,
- 1 EL Zitronenschale,
- 1 EL Orangenschale,
- 10 g Zimt,
- 2 g Nelken,
- 2 g Kardamom,
- 1 Glas Rum,
- 1½ Päckchen Backpulver

Zubereitung Lebzelten für Kaiser Maximilian:
Zwei Teile Weizenmehl, ein Teil Roggenmehl mit Salz und fingerwarmem Honig zu einem glatten Teig verarbeiten, fingerdick ausrollen und backen. Fein zerstoßen, mit geläutertem Honig wieder einen Teig bereiten, dazu nicht zu fein gestoßenen Zimt, Ingwer, Gewürznelken, Muskatnuß, Muskatblüte, präparierten Kardamom und weißen Pfeffer. „Mach daraus abermals einen Zelten und laß ihn sittlich fein bakken.“

Butterzeug, Butterblumen, Pfeffernüsse

Wenn es den Nachbarn schmeckt, ist's wohl geraten

Welche Köstlichkeiten die Hausfrau auch immer auf dem Bunten Teller anhäufen mag, der einst nur auf dem Weihnachtstisch stehen durfte (wieder einmal der strengen Fastenregeln wegen), heute aber zu jedem Adventskaffee, beim abendlichen Beisammensein serviert wird: nicht fehlen dürfen die Butterplätzchen. Und es gibt auch keine deutsche Landschaft, in der man darauf verzichten möchte. Die Rezepte unterscheiden sich im Mengenverhältnis wie in der Frage, mit welchen Gewürzen man die Köstlichkeit besonders schmackhaft macht, ob man sie schon vor dem Backen mit Eigelb und Buntzucker verziert, oder nach dem Backen erkaltet mit buntem Zuckerguß und winzigen Liebesperlen, mit Hagelzucker, ob man sie letztlich noch heiß nur in feinem Kristallzucker wendet.

Entscheidend bleibt, daß man zum Backen tatsächlich Butter verwendet, ihr feiner Geschmack ist durch nichts zu übertreffen. Wichtig aber ist vor allem, daß man genügend Butterplätzchen bäckt, schon damit die Freundinnen und Nachbarinnen, die scheinheilig zum Nachfragen kommen, ob man denn die Butterplätzchen schon gebacken habe und wie sie gelungen seien, reichlich kosten können.

Delikates Buttergebäck, feine Lebkuchen, zuckersüßes Marzipan – als Kontrapunkt sollten auf dem Bunten Teller auch ein paar herzhafte Spekulatius, Pflastersteine oder Pfeffernüsse liegen. Schließlich wird man der allzu süßen Süße oft nur zu bald leid, schließlich eignen sich gerade zum winterlichen Punsch, zum Grog die etwas herberen Gebäcksorten wesentlich besser, weil auch für empfindliche Mägen verträglicher.

Wenn's nicht verwintert,
so wintert's nach.

Zutaten Großmamas Butterblumen:

- 70 g Butter,
- 70 g Butterschmalz,
- 1 Eigelb,
- 100 g Zucker,
- 280 g Mehl,
- Saft und Schale einer Zitrone,
- 1 EL Arrak,

Zubereitung Fränkisches Butterzeug:

Eier und Zucker zu einer schaumigen Creme rühren, nach und nach das Mehl und den Alkohol zugeben und den gut durchgekneteten Teig im Kühlschrank mindestens eine Stunde ruhen lassen.

Zutaten Fränkisches Butterzeug:

- 500 g Mehl,
- 500 g Butter,
- 3 Eigelb,
- 350 g Zucker,
- 3 EL Arrak oder Rum

Zutaten Butterblätter der Margarethe Joh. Rosenfeld:

- $\frac{1}{2}$ Pfund Butter,
- 18 Loth Mehl (ein halbes Pfund),
- 1 Eidotter,
- 4 Löffel Zucker,
- 1 paar Löffel Wein,
- Eigelb zum Bestreichen,
- gehackte Pistazien zum Bestreuen

Zutaten Pfeffernüsse:

- 500 g Mehl,
- 500 g Zucker,
- 2 ganze Eier,
- 2 Eigelb,
- 1 Messerspitze Hirschhornsalz,
- 100 g Mandeln (grob gehackt),
- 50 g Zitronat,
- 50 g Orangeat,
- 1 TL Zimt,
- $\frac{1}{2}$ TL Nelken,
- $\frac{1}{2}$ TL Ingwer,
- 1 Messerspitze weißer Pfeffer,
- 1 Messerspitze Kardamom,
- Puderzucker

Zubereitung Großmamas Butterblumen:

Die Teigherstellung unterscheidet sich in nichts vom erstgenannten Rezept. In jedem Falle wird der gut gerastete Teig, jeweils in kleinen Portionen, auf dem bemehlten Brett messerrückendünn ausgerollt und in beliebige Förmchen ausgestochen, wobei oft die Familientradition eine Rolle spielt, ob man Herzen, Sterne, Tierfiguren, Blumen oder alles miteinander als Förmchen wählt. Die Butterplätzchen werden bei sehr milder Hitze etwa 10 Minuten gebacken, sie sollen nicht bräunen.

Zubereitung Pfeffernüsse:

Die ganzen Eier, die Eigelb und der Zucker werden gut schaumig gerührt, dann gibt man alle Gewürze, das aufgelöste Hirschhornsalz, die Mandeln und das Mehl zu. Aus dem gut durchgekneteten Teig, der etwa $\frac{3}{4}$ Zentimeter dick ausgerollt wird, sticht man kleine runde Plätzchen, die auf dem gewachsten Blech über Nacht abtrocknen müssen. In nicht zu heißem Rohr (130 bis 150 Grad) 10 bis 15 Minuten backen, bis sie sich fest anfühlen. Noch warm mit dünner Puderzuckerglasur bestreichen.

Wie der Dezember, so der Juni.

Scheherezade soll die erste gewesen sein, die in einem der Märchen, die sie in Tausendundeiner Nacht dem Kalifen erzählte, das Rezept einer der köstlichsten Süßigkeiten der darin gewiß nicht armen Küche des Orients preisgab: Mandeln, Rosenwasser und Zucker. Nichts weiter enthält das köstliche Marzipan, das, zu bunten Früchten geformt, als Wecklein mit Schokolade überzogen, als Kartoffeln mit Kakao bestäubt oder zu Bethmännlein gebacken, als saftig-weiches Lübecker oder golden überkrustetes Königsberger angeboten wird. Ohne diese Köstlichkeit wäre unser Weihnachtsfest kein Weihnachtsfest. Wie schrieb schon Theodor Storm in seiner Erzählung „Unter dem Tannenbaum“: „Ich wittere Marzipan!“ ruft die Mutter... Es war nun wirklich Weihnachten geworden. Und das war die kostbare Erinnerung an jene ferne Heimat, aus der Storm Jahre zuvor vertrieben worden war.

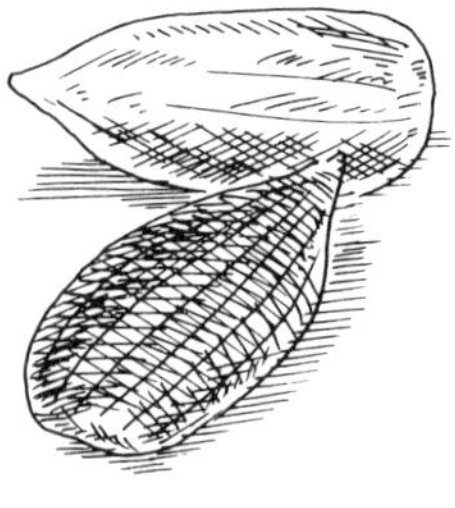

Storm war übrigens nicht der einzige Dichter, der der orientalischen Köstlichkeit ein literarisches Denkmal setzte. Man lese nur einmal die Buddenbrocks nach, wo Thomas Mann „Massive Marzipanbrote, innen naß vor Frische“ schwärmerisch beschreibt. Oder die Erinnerung seines Bruders Victor an die „Erste Schwabinger Weihnacht“ und die Schachtel „Von Niederegger aus Lübeck“, die ein weiß-blauer Postillion brachte. Vom Prinzen Mandelwandel, den sich die Tochter der Köchin aus Marzipan knetet, erzählt Clemens Brentano, und E. T. A. Hofmann weiß, in „Nußknacker und Mausekönig“ gar von einem Marzipanschloß zu erzählen, rosarot schimmernd und mit hundert Türmen luftig geziert.

Die Kreuzfahrer haben die süße Leckerei von ihren blutig-frommen Zügen aus dem Orient mit nach Europa gebracht, und die Ärzte verschrieben sie bald ihren wohlhabenden Patienten als „wohldienliche Speise“, als Heil- und Stärkungsmittel. Ob sie damit manch bittere Medizin versüßen wollten?

Natürlich hatten auch die Gesunden gegen die Schleckerei nichts einzuwenden, im Gegenteil, bald machten nicht nur die Hansestädte Lübeck und Königsberg, sondern auch

Nürnberg, Amsterdam, Breslau und Venedig einander als „Marzipan-Hochburgen" Konkurrenz. Überall dort, wo exotische Spezereien wie weißer, raffinierter Zucker, Mandeln und Rosenwasser erhältlich waren, versuchte man sich in der Marzipanherstellung, Apotheker machten den Lebzeltern Konkurrenz, Fürstenköche erwiesen darin nicht weniger Geschick als manche Patriziersgattin.

An allen Höfen Europas prangten üppige Marzipantorten und die kunstvollen Nachbildungen der herrlichsten Tiere in der Mitte der Tafel — aus Marzipan, der so leicht formbaren Masse, die sich doch so gut stabilisieren ließ. So sehr kam die Schleckerei in Mode, daß eine ganze Reihe von Luxusverordnungen den Genuß beschränkte, selbst die „Oberen Zehntausend" mußten sich, dem jeweils Nächsthöheren gegenüber, nach Art und Zahl der Marzipandelikatessen bescheiden.
Über die Herkunft des Namens gibt es zwei Deutungen: Nach der einen soll eine Münze des 11. Jahrhunderts, die „Mautaban", den thronenden Christus zeigte und den Gegenwert für eine Spanschachtel voller Marzipan darstellte, der Süßigkeit ihren Namen verliehen haben. Nach einer venezianischen Legende aber soll St. Markus während einer Hungersnot in der Lagunenstadt einem Kaufmann, der noch Zucker und Mandeln in seinen Speichern hatte, das Rezept zum Marci pane, dem Brot des Markus, verraten haben.
Obwohl man Marzipan in den verschiedensten Formen und Qualitäten, auch als simples Backmarzipan, kaufen kann, entbehrt es nicht eines gewissen Reizes, sich einmal an der Selbstherstellung zu versuchen.

Kalter Dezember,
zeitlicher Frühling.

Klopf an, Klopf an!
Der Bauer ist ein braver Mann,
die Bäurin bringt mir Kletzen,
um mich damit zu letzen.
Die Scheiter hör ich krachen,
die Küchel tun's mir machen.
Bringt doch Leut', bringt
für jeden, der singt!

Zutaten Marzipan:

- 350 g Mandeln (abgezogen),
- 350 g Puderzucker,
- 2 EL Rosenwasser oder 2 EL Orangenblüttenwasser,
- 1/4 EL Vanille-Extrakt

Zutaten Bethmännchen (Grundmasse):

- 315 g Mandeln (abgezogen),
- 210 g Puderzucker,
- 2 EL Rosenwasser,
- 50 g Mehl,
- 100 g feiner Zucker

Zubereitung:
Die geriebenen Mandeln und den Zucker zweimal durch die Mandelmühle treiben oder maschinell verarbeiten. Dann das Rosenwasser unterziehen und die Masse auf schwächstem Feuer ganz vorsichtig erwärmen, bis sie sich zusammenballt und vom Topf löst.
Diese Grundmasse kann, beispielsweise mit Walnußstückchen, Pistazien, kandiertem Ingwer, kandierten Orangenschalen, etc. zu zuhausgemachten Pralinen verarbeitet und mit Schokolade überzogen werden. Zu Marzipankartoffeln werden aus der Masse kleine Kugeln gedreht und in hellem Kakao gewälzt.
Buntes Marzipangebäck bereitet man, indem man die Grundmasse (mit etwas weniger Rosenwasser zubereitet) zwischen Backpapier ausrollt, zu Herzen oder Ringen aussticht und mit einer dünnen, gedrehten Marzipanrolle einen Rand darum gibt. Diese Figuren werden entweder mit ein wenig Eigelb bestrichen und im Grill für wenige Minuten oberflächlich gebräunt, oder mit einem glühend gemachten Metallstab (dem Grillstab beispielsweise) gebrannt.

Zubereitung Bethmännchen:
Die Grundmasse wird mit 50 g Mehl und 100 g Staubzucker auf dem Brett zu einem stabilen Teig verarbeitet. Man formt daraus kleine Pyramiden (mit dreieckiger Grundfläche), drückt in jede Seite eine ganze blanchierte Mandel und läßt die Bethmännchen bei etwa 160 bis 180 Grad mehr trocknen als backen. Sie sollen in jedem Falle weiß und weich bleiben.

Der Winter

Der Winter ist ein rechter Mann,
kernfest und auf die Dauer;
Sein Fleisch fühlt sich wie Eisen an.
Er scheut nicht süß noch sauer.

Wein Stein und Bein vor Frost zerbricht
und Teich' und Seen krachen;
Das klingt ihm gut, da haßt er nicht,
dann will er sich tot lachen. —

Sein Schloß von Eis liegt ganz hinaus
beim Nordpol an dem Strande;
Doch hat er auch ein Sommerhaus
im lieben Schweizerlande.

Da ist er denn bald dort, bald hier,
gut Regiment zu führen,
und wenn er durchzieht, stehen wir
und sehn ihn an und frieren.

Matthias Claudius

Dresdner Christstollen

Wie das in Windeln gewickelte Jesulein (nicht) aufs Backblech kam

Glatter Pelz beim Wild, dann wird der Winter mild.

„Und sie gebar ihren Sohn, den Erstgeborenen, wickelte ihn in Windeln und legte ihn in eine Krippe, weil für sie kein Platz in der Herberge war."
Das Weihnachtswunder, vom Evangelisten Lukas so anschaulich und volkstümlich beschrieben, hat die Menschen in aller Welt seit fast zwei Jahrtausenden zu bildhafter Darstellung angeregt. Krippen, Wachsmodeln, Weihnachtsspiele, Lieder, Kindlwiegen, Fatschenkindl — was wäre nicht alles zu nennen. Und sogar in die weihnachtliche Küche hat die Darstellung des gewickelten Jesusknaben, das „Fatschenkindl" Eingang gefunden, in der Form des Christstollens nämlich, auch „Königliches Kindlein" genannt, der nichts anderes symbolisieren soll, als das in weißen Windeln verhüllte süße Geheimnis der Menschwerdung Gottes. Eine hübsche und weit verbreitete Geschichte, die sich so um den Christstollen rankt. Manche Brauchtumsforscher sind allerdings der Meinung, diese Deutung sei sozusagen der Puderzucker auf der Stolle und historisch in keiner Weise verbürgt.
Verbürgt dagegen ist, daß bereits anno 1329 Bischof Heinrich den Naumburger Bäckern ein Zunftprivilegium nur unter der Auflage zugestand, zu Weihnachten ihn und sei-

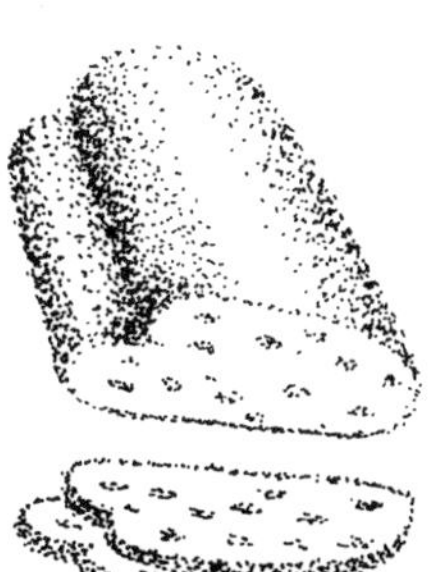

Ist das Wetter um Weihnacht gelinde, so währt die Kälte gewöhnlich lange in's Frühjahr hinein.

nen Nachfolgern jeweils zwei Stollen zu liefern. Und um sicher zu gehen, daß diese nur ja nicht zu klein ausfielen, schrieb er sogar die Getreide-, damit auch die Mehlmenge vor, nämlich je einen halben Scheffel. Nach einer Berechnung im Archiv des Deutschen Brotmuseums kam damit auf jeden Stollen eine Menge von 7 bis 8 Kilo Mehl, was mit allen übrigen, bereits damals üblichen und auch erhältlichen Zutaten, jeder Stollen ein Gesamtgewicht von etwa 15 Kilo gesichert haben dürfte. Seine bischöfliche Gnaden mag wohl satt geworden sein …

Wenn's windig an Weihnachtsfeiertagen, sollen die Bäume viel Obst noch tragen.

Doch nicht nur dem Bischof Heinrich „zinste" man das reiche Weihnachtsbrot, auch für den Bürgermeister von Thirschenreuth, ist „nach altem Herkommen", um 1650 diese Gabe erwähnt, dem König von Sachsen stand eine 36 Pfund schwere Stolle als jährliche Gabe der Bäkker zu, die Kinder auf Rügen bekamen sie, offensichtlich vom Magistrat, geschenkt bis sie 14 Jahre alt waren. Stolle oder Stollen wird im Elsaß ebenso erwähnt wie in Wolkenstein. Im Spreewald, so hat alles der Kölner Forscher Heinrich Fincke zusammengetragen, war sogar ein Stollenreiten üblich, dessen Sieger ein geschmücktes Gebäckstück nach Hause trug. Im Sächsischen sind schon früh mehrere Ortschaften für die Qualität ihres Stollens bekannt und daran hat sich wenig geändert: Für Dresden ist er noch heute Exportartikel Nummer eins.

Mit Weihnachten hat das Wort Stollen übrigens wenig zu tun, es dürfte wohl eher mit der Grundbedeutung des Pfostens, der Stütze verwandt sein, deren Formen ja der Stollen ähnelt. Neben Wecken oder Brot für das festliche Gebäck kam der Ausdruck Stollen, nach Meinung Heinrich Finckes, gerade durch die bischöfliche Forderung zur Ehre des „Christstollens". Darüber steht dann in Zedlers Universal-Lexikon aus dem Ende des 18. Jahrhunderts zu lesen: „Seiner Güthe nach ist es sehr unterschiedlich, wie es nämlich ein

jeder nach den Umständen nöthig hat; die Forma aber anlangend, kommen alle darin überein, daß sie nämlich länglich, an den Ecken zugespitzt und in der Mitte erhaben gemacht werden. Woher diese Gewohnheit, daß man am Weynachts-Feste dergleichen Stollen zu backen pfleget, gekommen seyn mag, ist schwerlich mit Gewißheit ausfindig zu machen."

Ist die Christnacht hell und klar, kommt gewiß ein gutes Jahr.

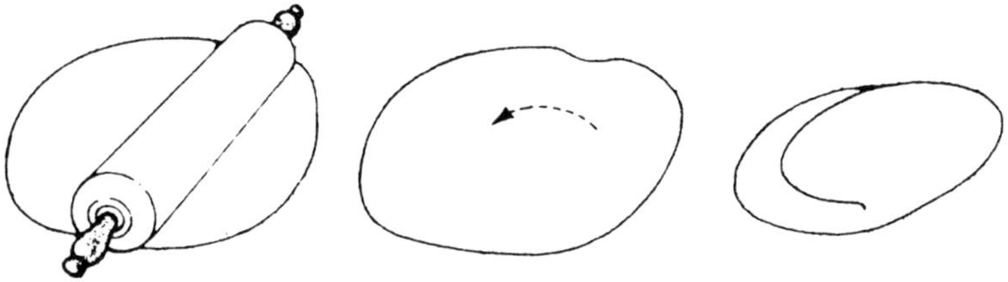

Teig in Brotform — eindrücken — zusammenklappen

Zubereitung Dresdner Stollen:
Das gesiebte und angewärmte Mehl in eine Schüssel geben, mit etwas lauwarmer Milch, einem TL Zucker und der Hefe in der Mitte ein Dämpfel ansetzen und gut aufgehen lassen. Das Mehl mit dem Vorteig, der Zitronenschale, dem Salz und der Butter verschlagen und nur so viel Milch als nötig zugießen. Den Teig so lange kneten, bis er seidig weich und ganz glatt geworden ist und Blasen wirft. Dann die Mandeln, Zitronat und Orangeat sowie die Rosinen und Korinthen, die man einige Stunden in Rum eingelegt hatte, einarbeiten. Der Teig muß zugedeckt in einem warmen Raum gut aufgehen. Dann formt man daraus zwei Stollen, die man auf dem gefetteten Backblech zugedeckt nochmals mindestens zwei Stunden gehen läßt. Bei etwa 200 bis 220 Grad in etwa 60 Minuten fertig backen. Noch warm mehrmals mit zerlassener Butter bestreichen und dick mit Puderzucker bestreuen. Der Stollen soll vor dem Verzehr mindestens eine Woche kühl gelagert werden.

Zutaten Dresdner Stollen:

- 1 kg Mehl,
- 100 g Hefe,
- 3/8 l lauwarme Milch,
- 2 Eier,
- 120 g Zucker,
- Mark von 1 Vanilleschote,
- Abgeriebene Schale von 1 Zitrone,
- 1/2 TL Salz,
- 400 g Butter,
- 200 g Mehl,
- 350 g Rosinen,
- 150 g grob gehackte Mandeln,
- 100 g gehacktes Zitronat,
- 100 g gehacktes Orangeat,
- 1 EL Mehl,
- 150 g Butter,
- 200 g Zucker,

Metzelsuppe

Es leb' das zahme und das wilde Schwein

Wie der Advent, so war auch noch der Heilige Abend im traditionellen Jahreslauf untèr die Festtage eingereiht. Fleisch durfte erst wieder nach dem Ende der mitternächtlichen Mette gegessen werden. Und eben diese Sitte trug dem Schwein, das für die hohen Festtage in den bäuerlichen Haushaltungen geschlachtet wurde, meist am 21. Dezember, dem Thomastag, den Namen Mettensau ein.

Für alle, die lange nach Mitternacht vom festlichen Gottesdienst aus der Dorfkirche nach Hause kamen, mußte derjenige, der zum „Haushüten" daheim geblieben war, die Metzelsuppe vorbereiten und warmhalten. Metzelsuppe — eigentlich ist das ja nichts anderes als die Brühe, in der beim häuslichen Schlachtfest die Würste gesotten worden waren — und doch: welche Köstlichkeit in der eiskalten Winternacht, Köstlichkeit vor allem dann, wenn ein paar der Würste schon geplatzt waren! Nicht umsonst hat Ludwig Uhland wohl ein vergnügtes Gedicht mit „Metzelsuppe" überschrieben!

Wir haben heut nach altem Brauch
ein Schweinchen abgeschlachtet.
Der ist ein komisch ekler Gauch,
der solch ein Fleisch verachtet.
Es lebe zahm und wildes Schwein!
Sie leben alle große und klein,
die Blonden und die Braunen.

Mir ham ghört, ös habt's gschlacht
Und recht schöne Würscht gmacht.
Mir bittn den Herrn und dö Frau,
Gebt's uns a was von enkana Sau.

Wenn's um Weihnacht
feucht und naß,
gibt's leere Speicher und
leere Faß.

Dem Städter, ja selbst dem Bauern, dürfte es heutzutage ein wenig schwerfallen, eine richtige Metzelsuppe auf den Tisch zu bringen. Aber mit ein bißchen Phantasie — und der Hilfe eines guten Metzgermeisters — geht es noch allemal.

Auch des Winters stürm'scher Schritt
Bringt uns lauter Segen mit,
Denn in Herz und Haus hinein
Glänzt der helle Weihnachtsschein.

Ist's zu Weihnacht warm und lind,
kommt zu Ostern Schnee und Wind.

Aus der Suppen schaun die lachatn Gsichter.

Zubereitung:
Man besorge sich dafür ein Stückchen vom Schweinskopf, Rüssel und Backen vielleicht, oder — wenn der Freundeskreis groß genug ist, darf's auch ein halber Kopf sein, ein Stückchen Zunge sollte nicht fehlen, ein wenig Durchwachsenes vom Bauch, dazu einige Leber- und Blutwürste, die man von der Haut befreit. Erst wenn das Fleisch langsam weichgekocht ist, werden die Würste in die Suppe gegeben, dazu etliche in Schweineschmalz angebräunten Zwiebel, Salz, gemahlener Pfeffer, Muskat und Majoran. Serviert wird die Suppe, ohne das Fleisch, mit einigen Scheibchen feingeschnittenem Bauernbrot und — vielleicht — ein wenig Schnittlauch.
Das Fleisch wird zusammen mit Salz, Pfeffer, Senf und Meerrettich gesondert auf Holztellern angerichtet — ein deftiger, kalorienreicher Genuß, den man heutzutage sicherlich nicht zu mitternächtlicher Weihnachtsstunde auf den Tisch bringen wird, der sich aber etwa nach einer strapaziösen Langlauftour, nach einem Schlittenausflug oder sonstig ausgedehnten Winterfreuden für eine Einladung hervorragend eignet.

In diesem Monat schlacht dein Schwein,
Iß frische Wurst und trinke Wein.
Lad frohe Gäste dir ins Haus,
Trink halb und ganz den Humpen aus.
Spar daran nicht, ich rat dir gut,
Solang der Steinbock herrschen tut.
Nimm dich in acht mit Arzenei,
Doch steht der Ader, laß dir frei.
Glockendon

Zutaten:

750 g Kopffleisch vom Schwein,
250 g Bauchfleisch,
1 Schweinszunge,
2 Leberwürste,
1 Blutwurst,
2 Zwiebel,
2 EL Schmalz,
Salz,
Pfeffer,
Muskat,
Majoran,
Senf,
Meerrettich

Mohnkließla, Mohnpielen

Der Schlesier liebstes Orakel

Schnee in der Christnacht — gute Hopfenernte.

Ob als Nachtisch zum Weihnachtsmahl, ob als segenbringendes Orakel in der Silvesternacht, ein Fest ohne „Mondkließla“ konnte man sich in Schlesien einfach nicht vorstellen. Und überall dort, wo die Vertriebenen nach dem Zweiten Weltkrieg eine neue Heimat fanden, hielten auch die Mohnkließla, die Mohnklöße, Einzug. Mit Klößen hatte die Süßspeise zwar wenig zu tun, aber Namen sind ja auch nicht das wichtigste an einem guten Essen. Übrigens ist auch der Ausdruck „Mohnpielen“ weit verbreitet gewesen, vor allem die lange vor dem Krieg nach Berlin zugewanderten Schlesier haben diesen Begriff gegen ihre „Mohnkließla“ eingetauscht, das Rezept blieb, gottlob, unverändert.

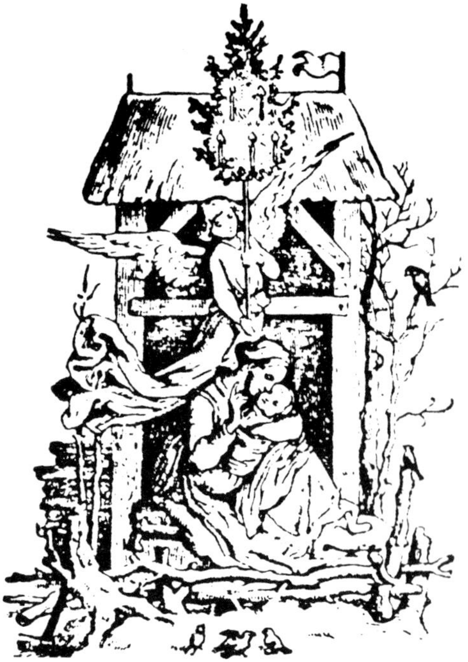

Weihnachten

Markt und Straßen stehn verlassen,
Still erleuchtet jedes Haus,
Sinnend geh' ich durch die Gassen,
Alles sieht so festlich aus.

An den Fenstern haben Frauen
buntes Spielzeug fromm geschmückt,
Tausend Kindlein stehn und schauen,
Sind so wundervoll beglückt.

Und ich wandre aus dem Mauern
bis hinaus ins freie Feld,
Hehres Glänzen, heil'ges Schauern!
Wie so weit und still die Welt!

Sterne hoch die Kreise schlingen,
Aus des Schnees Einsamkeit
Steigt's wie wunderbares Singen —
O du gnadenreiche Zeit!

Josef von Eichendorff

Zutaten:

- ½ Pfund blauer Mohn, fein gemahlen,
- ¼ bis ½ l Milch,
- 4—6 St. gebähter Hefezwieback (oder 2 Kissinger Hörnchen bzw. Milchbrötchen),
- 100 g Zucker,
- 1 Glas Arrak,
- 1 Glas Rum,
- 100 g Rosinen

Zubereitung:

Die Milch wird zum Kochen gebracht und in einer Schüssel nur so viel davon über den feinst gemahlenen Mohn gegeben, wie dieser aufziehen kann. Gut durchrühren. Dann Zucker und den zerpflückten Hefezwieback bzw. die zerpflückten Hörnchen dazugeben, die alle übrige Flüssigkeit aufsaugen sollen. Mit den gewaschenen, abgetrockneten Rosinen und dem Alkohol vermischen und gut zugedeckt mindestens 12 Stunden kalt stellen. Wer mag, kann noch einen Hauch gemahlener Nelken zugeben.

Punsch und Grog

Die winterlichen Seelenwärmer

Daß die Friesen und die Ostpreußen, denen die steife Brise der Nordsee wie der Ostsee nicht nur im Winter gehörig einheizt, einen wärmenden Trunk das ganze Jahr über brauchen, ist hinlänglich bekannt. Der Grog, gebraut nach dem Rezept, „Rum muß, Zucker kann, Wasser braucht nicht“, hat sich längst auch im Binnenland beliebt gemacht. Daß er an der Memel in genau dieser Zusammensetzung auch als „Maitrank“ bekannt war, spricht nur für den Grog, aber gewiß gegen das dort vorherrschende Wetter.
Wer es etwas milder möchte, kann sich vielleicht mit dem ostpreußischen „Seehund“ anfreunden, oder auch mit einem Glas Rotweinpunsch, einem Eiergrog oder einer Biersuppe.

Wind in St. Silvesters Nacht,
hat nie Wein und Korn gebracht.

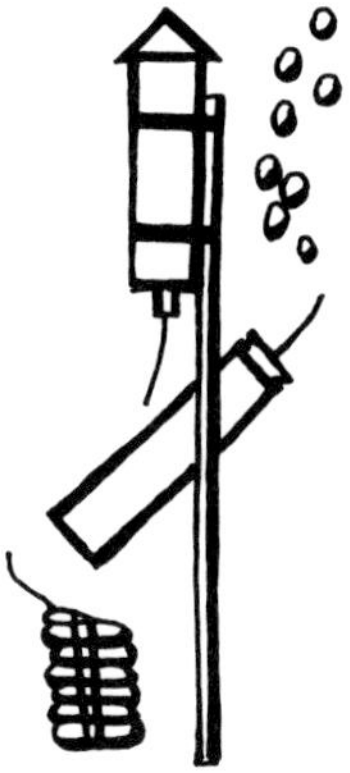

Zubereitung Seehund:
Den Wein mit der Zitronenschale, der Zimtrinde und den Zucker erhitzen, bis er zu schäumen beginnt, aber noch nicht kocht. Zitronenschale und Zimtrinde herausnehmen und heiß servieren.

Zubereitung Eiergrog:
Eigelb mit Zucker schaumig rühren, die Milch unter ständigem Rühren zugeben, zum Schluß den Alkohol. Das Getränk muß erhitzt, darf aber nicht gekocht werden.

Zubereitung Warmes Bier:
Das Bier wird mit der Zitronenschale und Zucker nach Geschmack (nicht zu wenig!) aufgekocht und abgeschäumt. Die Eidotter werden mit der Milch in einem Topf gut verrührt, das kochende Bier darüber gegossen und weiter sprudelnd gekocht, bis es dick und schaumig geworden ist.

Zutaten Seehund:
- 3/4 l naturreiner Weißwein,
- Zitronenschale,
- 1 Röllchen Zimtrinde,
- 125–150 g Zucker,

Zutaten Eiergrog:
- 4 Eigelb,
- 2 EL Zucker,
- 1/2 l Milch,
- 1/4 l Rum oder Arrak,

Zutaten Warmes Bier:
- 1/2 l Bier (dunkel oder hell),
- 2 EL Zucker,
- 2–3 Eigelb,
- Zitronenschale,

Suppen

Eierspeisen

Gemüse und Eintöpfe

Fischgerichte

Geflügel

Wild

Fleischspeisen

Beilagen und fleischlose Kost

Pikante Kleinigkeiten

Süßspeisen und Desserts

Schmalzgebäck

Gebäck

Kuchen

Marmeladen

Getränke